물음표를 느낌표로 바꿔라

물음표를 느낌표로 바꿔라

초판 1쇄   2015년 11월 27일

지은이   문병석
발행인   김재홍
디자인   박상아, 이슬기
교정·교열   김현경
마케팅   이연실

발행처   도서출판 지식공감
등록번호   제396-2012-000018호
주소   경기도 고양시 일산동구 견달산로225길 112
전화   02-3141-2700
팩스   02-322-3089
홈페이지   www.bookdaum.com

가격   22,000원
ISBN   979-11-5622-130-2   03810

CIP제어번호   CIP2015031020
이 도서의 국립중앙도서관 출판예정도서목록(CIP)은 서지정보유통지원시스템 홈페이지(http://seoji.nl.go.kr)
와 국가자료공동목록시스템(http://www.nl.go.kr/kolisnet)에서 이용하실 수 있습니다.

ⓒ 문병석 2015, Printed in Korea.

- 이 책은 저작권법에 따라 보호받는 저작물이므로 무단전재와 무단복제를 금지하며, 이 책 내용의 전부 또는 일부를 이용하려면 반드시 저작권자와 도서출판 지식공감의 서면 동의를 받아야 합니다.
- 파본이나 잘못된 책은 구입처에서 교환해 드립니다.
- '지식공감 지식기부실천' 도서출판 지식공감은 창립일로부터 모든 발행 도서의 2%를 '지식기부 실천'으로 조성하여 전국 중·고등학교 도서관에 기부를 실천합니다. 도서출판 지식공감의 모든 발행 도서는 2%의 기부실천을 계속할 것입니다.

물음표를 느낌표로 바꿔라!

문병석 지음

지식공감

프롤로그

카카오톡(이하 '카톡')은 최근에 유행하고 있는 페이스북, 트위터, 미투데이, 싸이월드, 라인, 인스타그램 등과 같이 모바일 상에서 서로 메시지를 주고받고 의사소통하며 정보를 공유하는 하나의 앱에 불과하다. 스마트폰의 확산으로 SNS(사회관계망 온라인 서비스)의 이용과 관심이 날로 높아지고 있다. 월드와이드웹(www)의 발전으로 이러한 SNS의 활동이 활발해지면서 격지자 간에 실시간으로 상호 정보를 공유하는 쌍방향 정보화시대가 활짝 열렸다. 그 파급효과는 순기능적인 측면이 높은 게 사실이지만 익명성을 이용한 부작용도 만만찮다. 이는 문명의 이기(利器)로부터 감당해야 할 피할 수 없는 부산물이 아닌가 싶다.

카톡은 SNS를 하기 위한 하나의 도구로서 그 인기가 날로 높아지고 있다. 서비스를 시작한 지 불과 2년 반 만에 가입자 수가 5천만 명을 훌쩍 넘어섰고, 최근에는 누적 가입자 수가 2억 명에 육박하는 것으로 전해지고 있다. 가히 폭발적인 인기를 누리고 있다. 사무실이나 지하철, 버스 등에서 남녀노소를 불문하고 스마트폰만 쳐다보고 있는 세상이 되어 버린 지 오래다. 대부분의 사람들이 카친(카카오톡이나 카카오스토리에서 친구관계를 맺은 사람)들과 메시지를 주고받거나 음악을 듣는 장면들이 눈에 띈다.

나 역시 예외는 아니다. 대중교통을 이용할 때나 짬이 있으면 어김없

이 호주머니 속의 스마트폰을 꺼내 든다. 스마트폰에 일기를 쓰거나 그렇지 않으면 카카오스토리(이하 '카스')에 글을 쓰기 위해서이다. 카친들과 여러 가지 정보를 주고 받거나 일상생활 속에서 일어나는 크고 작은 일들을 글이나 사진으로 올리면 금새 댓글이 포도송이처럼 주렁주렁 달린다. 이렇게 쉬엄쉬엄 올린 글들이 어느새 수백 개가 넘었다.

 그 중에서 카친들의 반응이 좋았거나 일반 독자들에게도 서로 공감할 수 있는 내용들을 엄선하여 '물음표를 느낌표로 바꿔라'라는 제목으로 출판을 하기에 이르렀다. 시사적인 문제와 관련한 글은 가급적이면 싣지 않으려고 노력했다. 짬짬이 모은 글이니 만큼 아마츄어리즘의 티를 벗어나지 못한 부분이 많이 있으리라 생각한다. 하지만 숨 가쁘게 돌아가는 세상에서 가볍게 몸과 마음을 식힐 수 있는 힐링 스토리가 되었으면 하는 마음뿐이다.

 또한 제4편에서는 옛 성현들이 남긴 주옥 같은 고사성어나 시구(詩句)들을 현대감각에 맞게 간추려서 실었다. 역사가 되풀이 되듯이 아무리 시대가 바뀌고 환경이 변화하였어도 사람이 사는 윤리적 근간은 옛 모습 그대로가 아닐까 싶다. 성현들의 숨소리를 직접 들을 수 있는 좋은 기회였으면 좋겠다. 옛 것을 통해서 삶의 지혜를 용솟음치게 하는 자양분이 될 것이라 믿는다.

서울과 같은 대도시의 교육환경은 산간벽지 등 농어촌에 비해 뛰어난 편이다. 산업화와 도시화 영향으로 농어촌에서는 80년대 초반부터 재학생 수가 급격하게 줄어들기 시작했고, 초·중·고등학교는 문을 닫거나 인접 학교들과 통폐합하는 곳이 속출하고 있다. 그러다 보니 농어촌의 교육환경은 날이 갈수록 피폐해지고 있는 상황이다. 저자가 어린 시절에 꿈을 키웠던 황매산 자락의 대병중학교도 예외는 아니다. 불과 몇 년 전까지만 하더라도 문을 닫아야 할 위기에 처해 있었다. 그러나 학교법인의 이창우 현 이사장께서 폐교위기에 처한 학교를 인수하고 거액을 투자하여 기숙사까지 짓게 되었다. 또한 학교법인과 졸업동문들이 십시일반 힘을 모아 장학재단까지 설립하기에 이르렀다.

타 지역 출신 학생들이 전부 기숙사 생활을 하면서 공부할 수 있을 만큼 안정기에 진입했다고 할 수 있으나 아직도 갈 길은 멀다. 그래서 금번 출판의 순수익금 전액을 모교의 장학기금으로 출연하고자 한다. 독자들의 작은 관심과 정성이 모여 자라나는 새싹들의 꿈과 희망을 키워줄 수 있다고 확신한다. 독자 여러분의 변함없는 사랑과 아낌없는 충고를 바라 마지않는다.

끝으로 자식들 뒷바라지로 평생을 흙과 함께 살아오신 어머니와 장모님께 먼저 감사의 말씀을 올린다. 또한 몇 년 전에 유명을 달리하신 아

버지와 장인어른의 영전에도 이 책을 바치고자 한다. 그리고 졸고가 나오기까지 묵묵히 곁을 지켜준 사랑하는 부인과 아들, 딸에게도 감사한 마음을 전하며, 동생들 가족과 저를 아는 모든 분 및 독자들에게도 감사의 말을 전한다. 책이 출판되기까지 세심한 배려와 도움을 주신 도서출판 지식공감의 김재홍 사장님과 그 임직원들에게도 심심한 감사의 말을 드린다. 다시 한번 독자 여러분과 모든 지인들께 진심으로 감사드린다.

2015년 11월 27일
만추지절에 북한산 자락에서
우보 문병석

차례

프롤로그 • 004

 心身을 힐링하라

진정한 사랑이란 • 015 / 사랑은 바람이어라 • 016 / 사랑은 향수 같으니라 • 017 / 엄마 • 018 / 아버지 • 019 / 거자일소(去者日疎) • 021 / 부모님 • 022 / 동행(同行) • 024 / 행복은 향수 • 026 / 행복의 4S • 027 / 행복의 잣대 • 028 / 행복은 문을 두드리지 않는다 • 029 / 좋은 말은 행복의 열매… • 030 / 불행의 무게 • 032 / 인연(因緣) • 033 / 우수(憂愁) • 034 / 용서(容恕) • 035 / 고요함 • 036 / 고향 하늘 • 037 / 잎새마다 깊은 사연 있으랴 • 038 / 해맑은 연잎을 보고 • 040 / 술 • 041 / 마음 • 043 / 마음은 누구의 것인가? • 045 / 마음을 그려라 • 047 / 마음이 맑으면 • 048 / 돈 가면 마음도 간다 • 049 / 몸이 멀면 마음도 멀어진다 • 050

 꿈을 키워라

꿈 • 053 / 꿈은 천국이요 현실은 지옥이다 • 054 / 부모의 꿈 • 055 / ☆별☆ • 056 / 등불 • 057 / Mulligan • 058 / 무지개 • 059 / 소나기 그치면 무지개 뜬다 • 060 / 무지개를 쫓지 마라 • 061 / 길 • 062 / 구름 • 063 / 청춘(靑春) • 064 / 젊음이 꽃이다 • 065 / 잎도 삶이다 • 066 / 열정 • 068 / 빈 깡통 • 069 / 건강(健康) • 070 / 고독(孤獨) • 072 / 관심(關心) • 073 / 그림자 • 074 / 정도(正道)를 걸어라 • 075 / 소금이 되어라 • 076 / 눈을 뜨라 • 077 / 틀을 깨라 • 078 / 사고의 틀을 깨부수라 • 079 / 젊은이여 깨어나라 • 080 / MOT(Moment of Truth)를 잡아라 • 081 / 선(善)을 모르게 행하라 • 082 / 머리에 지혜를 담아라 • 083 / 남의 허물을 보지 마라 • 084 / 99의 노예가 되지 마라 • 087 / 홀씨 • 088 / 현자(賢者)와 우자(愚者) • 089 / 아는 것만큼 보인다 • 090 / 과거에 매달리지 마라 • 091 / 떨어진 낙엽을 보지 마라 • 092 / 분수를

지켜라 •093 / 자신을 사랑하라 •094 / 시간은 생명이다 •095 / 시간이 없어서 •097 / 시도하지 않기에 어려운 것이다 •98 / 턱걸이에 목숨 걸면… •099 / 안경 •102 / 말을 조심하라 •104 / 고맙습니다 •105 / 존재감 •107 / 이기는 자가 강하다 •109 / 산에 올라야 •110 / 줄탁동시(啐啄同時) •111 / 자만심(自慢心)은 실패이다 •112 / 성공과 실패는 있는가? •113 / 포기 뒤에 성공이 숨어 있다 •115 / 잡초 •116 / 유리 천장(glass ceiling) •117 / 최고의 금(金) •118 / 물음이 달라야 답이 다르다 •119 / 설레발 •121 / 영원함은 없는가? •123 / 드록바 효과 •124 / 새벽은 두 번 오지 않는다 •126 / 인생은 과거도 미래도 아닌 현재다 •127 / 되돌리기 버튼이 없는 인생 •128 / 덧없는 인생 •129 / 인생은 바람 •130 / 人生은 未生인가 •131 / 인생은 새벽 이슬인가? •133 / 인생은 떨어지는 꽃잎인가? •134 / 인생은 끄나풀인가? •135 / 순간(瞬間)이 만드는 인생길 •136 / 인생 길은 죽음 길 •137 / 인생은 왕복차표가 아니다 •138 / 인생은 정답이 없다 •139 / 인생은 파도를 가르는 배와 같다 •140 / 인생은 장난이 아니다 •141 / 인생길은 편도 1차선이다 •142 / 끄나풀 •145 / 여정(旅程) •147 / 어디로 가야 하나 •148 / 영원을 꿈꾸는 사람 •149 / 시련은 삶의 밑거름 •150 / 失手效果(pratfall effect) •151 / 노력은 배신하지 않는다 •153 / 조상을 탓하지 마라 •154 / 입술로 말하지 마라 •155 / 실수를 인정하라 •156 / 파리의 뒤를 쫓지 마라 •157 / 가는 세월 •158 / 만약에 •160 / 발자국 •161 / 미련아 가거라 •162 / 대분망천(戴盆望天) •163 / 99와 100의 차이 •164 / 말은 더디게, 실천은 빠르게 •165 / 질그릇 •166 / 굽은 소나무가 선산을 지킨다 •168 / 무리에서 벗어나 자신의 길을 당당히 걸어가라 •169 / 도전은 성공의 문을 여는 열쇠다 •171 / 실패는 새로운 시작이다 •172 / 실패를 두려워 말라 •173 / 힘들다고 느낄 때 •174 / 어짐을 가까이하라 •175 / 남의 손발을 씻어주라 •176 / 패자는 과거 속에 산다 •177 / 운명은 돌고 돈다 •178 / 엉덩이 무거운 놈이 성공한다 •179 / 좋은 경쟁과 나쁜 경쟁 •180 / 캣츠 아이(Cat's Eye) •181 / 四棄(버려야 할 4가지 버릇들) •182 / 자식도 농사다 •185

제3편 내려 놓아라

오유지족(吾唯知足) •193 / 내려 놓아라(放下着) •194 / 버려야 이룰 수 있다 •195 / 바람은 소리를 남기지 않는다 •196 / 세월을 어찌 지우랴 •197 / 낮은 곳을 가라 •198 / 법은 구름이다 •199 / 변호인 •200 / 상처 •202 / 최고의 재능 •203 / 왕이 되고 싶소^.^ •205 / 토강여유(吐剛茹柔) •207 / 말 •208 / 죽음 •212 / 귀는 열고 입은 닫으라 •213 / 만족(滿足)과 불만족(不滿足) •214 / 운명(運命) •217 / 회자정리 거자필반(會者定離 去者必返) •219 / 똥 묻은 개가 겨 묻은 개를 나무란다 •221 / 험담(險談) •222 / 절대(絕對)와 상대(相對) •225 / 힐링(Healing) •227 / 노블리스 오블리주(Noblesse Oblige) •229

제4편 옛 것을 익혀라

제비가 논어를 읽고, 개구리가 맹자를 읽는다 •235 / 완월장취(玩月長醉) •236 / 불요파 불요우 불요회(不要怕 不要尤 不要悔) •237 / 주음미훈(酒飮微醺) •239 / 불균수약(不龜手藥) •240 / 맹수불약 필약기조(猛獸不躍 必匿其爪) •241 / 방관자심 당국자미(旁觀者審 當局者迷) •242 / 백구과극(白駒過隙) •243 / 거직조왕(擧直錯枉) •244 / 회천재조(回天再造) •245 / 정본청원(正本淸源) •246 / 군맹무상(群盲撫象) •247 / 감인대(堪忍待) •248 / 지통재심 일모도원(至痛在心 日暮途遠) •249 / 삭족적리(削足適履) •250 / 득의지추(得意之秋) •251 / 도행역시(倒行逆施) •252 / 우생마사(牛生馬死) •253 / 수심가지 인심난측(水深可知 人心難測) •254 / 간난신고(艱難辛苦) •255 / 서과피지(西瓜皮舐) •256 / 궁공조각(弓工調角) •257 / 책인지심책기 서기지심서인(責人之心責己 恕己之心恕

人) • 258 / 시은물구보 여인물추회(施恩勿求報 與人勿追悔) • 259 / 대인춘풍 지기추상(待人春風 持己秋霜) • 260 / 허령불매(虛靈不昧) • 261 / 징갱취제(懲羹吹齏) • 263 / 연작안지 홍곡지지(燕雀安知 鴻鵠之志) • 264 / 홍곡고비 부집오지(鴻鵠高飛 不集汚地) • 265 / 육단부형(肉袒負荊) • 266 / 군자구저기 소인구저인(君子求諸己 小人求諸人) • 267 / 자곡지심(自曲之心) • 268 / 과이불개 시위과의(過而不改 是謂過矣) • 269 / 자괴지심(自愧之心) • 270 / 백이숙제(伯夷叔齊) • 271 / 성년부중래(盛年不重來) • 272 / 옥불탁 불성기 인불학 부지의(玉不琢 不成器 人不學 不知義) • 273 / 검려지기(黔驢之技) • 274 / 완인상덕 완물상지(玩人喪德 玩物喪志) • 275 / 욕량타인 선수자량(欲量他人 先須自量) • 276 / 상인지어 환시자상(傷人之語 還是自傷) • 277 / 득롱망촉(得隴望蜀) • 278 / 함혈분인 선오기구(含血噴人 先汚其口) • 279 / 여조삭비(如鳥數飛) • 280 / 언고행 행고언(言顧行 行顧言) • 281 / 회사후소(繪事後素) • 282 / 조아(爪牙) • 283 / 신기독(愼其獨) • 284 / 재상평여수 인중직사형(財上平如水 人中直似衡) • 285 / 사무사(思無邪) • 286 / 중구삭금(衆口鑠金) • 287 / 음지전 양지변(陰地轉 陽地變) • 288 / 어목혼주(魚目混珠) • 289 / 행백리자 반어구십(行百里者 半於九十) • 290 / 신종여시 즉무패사(愼終如始 則無敗事) • 291 / 천리지행 시어족하(千里之行 始於足下) • 292 / 강심수정 근심엽무(江深水靜 根深葉茂) • 293 / 기산심해(氣山心海) • 294 / 불한자가급승단 지한타가고정심(不恨自家汲繩短 只恨他家苦井深) • 295 / 무신불립(無信不立) • 296 / 불학시 무이언 불학예 무이립(不學詩 無以言 不學禮 無以立) • 297 / 오불관언(吾不關焉) • 298 / 심전경작(心田耕作) • 299 / 가고가하(可高可下) • 301 / 유지경성(有志竟成) • 302 / 화무십일홍(花無十日紅) • 303 / 정송오죽(正松五竹) I • 304 / 정송오죽(淨松汚竹) II • 305 / 진수무향(眞水無香) • 306 / 반구저기(反求諸己) • 307 / 방하착(放下着) • 308 / 무한불성(無汗不成) • 309 / 한고청향(寒苦淸香) • 310 / 사석위호(射石爲虎) • 311 / 조고각하(照顧脚下) • 312 / 인무원려 난성대업(人無遠慮 難成大業) • 314 / 자승자박(自繩自縛) • 316 / 상선약수(上善若水) • 318 / 연주대(戀主臺) • 320

제1편

心身을 힐링하라

진정한 사랑이란

상대가 원할 때
아무런 조건 없이 베푸는 사랑이
진정한 사랑이다

내가 원하는 것을
매달리며 갈구하는 사랑은
사랑이 아니라 '집착'이다

사랑은
마음의 평안을 가져오고
집착은
마음의 번민을 가져오며

사랑은
마음이 편히 쉴 수 있는 안식처이지만
집착은
마음을 갉아먹는 악성 바이러스이니라

사랑은 바람이어라

바람은
눈으로 직접 볼 수 없지만
나부끼는 나뭇잎을
통해 알 수 있듯이

사랑은
말로서 확인할 수 없지만
따뜻한 마음으로
느낄 수 있으며

세 치 혀끝의
사탕발림 사랑보다는
가슴으로 전하는
포근한 사랑이 더 좋고

구름처럼
일었다 흩어지는 사랑보다
꺼지지 않는
군불 같은 사랑이 더 좋으리라

사랑은 향수 같으니라

사랑은
싱그러움을 더해주는
향수와 같은 것이니

먼저
손을 내밀지 아니하면
사랑의 향기를
맡을 수 없고

먼저
다가서지 아니하면
사랑의 밀어를
속삭일 수 없으며

먼저
내려놓지 아니하면
사랑의 열매를
거둘 수 없으리라

엄마

세상에서 가장 보기 좋은 광경은
아기가 엄마의 젖꼭지를 물고 있는 모습이며

세상에서 가장 듣기 좋은 언어는
사랑해요라는 말을 자연스럽게 할 수 있는 것이며

세상에서 가장 몸에 좋은 음식은
배가 고플 때 먹고 싶은 생각이 불현듯 떠오르는 먹거리듯이

엄마는
나를 이 땅에 보내준 우주이시고
나에게 꿈과 희망을 심어준 하늘이시며
생명의 자양분을 주신 대지이시고
나의 철학과 운명을 점지해 주신 천지신명이시니

엄마는
나의 뿌리이고 줄기이고 몸통이고 꽃이고 열매로서
나무와 숲이 되어 주셨으며
나의 생명이요 나의 인생이기에
엄마 없는 세상은 있을 수도 없거니와
상상의 흔적조차 남기고 싶지 않으리라

아버지[1]

님은 가족이란 울타리를 굳건히 지켜주셨던 거목이요 버팀목이시다.

다섯 가지 치시고 몸은 뿌리 되어 사시사철 자양분 공급해 주시었고, 가슴은 잎이 되어 오뉴월 뙤약볕에 우산 그늘로 감싸 주시었으며

세파에 다칠세라 장대비 쏟아지는 칠흑 같은 밤도 아랑곳하지 않으셨고, 눈보라 휘날리는 엄동설한에도 언 손을 호호 불며 그 자리에 계셨다.

늘 만사태평처럼 인자하신 웃음 주셨건만 남몰래 가슴으로 혼자 눈물 흘리셨고, 근엄하신 자태 잃지 않으려고 외로움 한 움큼 움켜쥐고 긴긴 동지섣달 보내셨던 님이시여!

하늘 아래 태산보다 더 높으셨고, 하해보다 더 넓으셨던 청초한 님이시며, 항상 가족의 구심점으로 영원히 남아 계실 것 같았던 북극성 별이셨지만

님이 계셔야 할 자리는 공허함만이 흐르고 뼈에 사무친 그리움으로 하나 둘 채워지니 자나 깨나 님에 대한 보고픔으로 주름진 눈가에 회한의 이슬방울 맺어봅니다.

지난 일들이 파노라마 영상이 되어 하얀 포말의 밀물처럼 쓰나미로 밀려오니 생전에 지은 불효에 땅을 치고 통곡한들 부질없는 짓임을 뒤

---

1) 2014년 음력 3월 9일 선친의 4주기 기일(忌日)을 앞두고 고향에서 입재일(入齋日)에 아버지에 대한 그리움을 적은 글이다.

늦게 깨달으며, 꿈속에서만 님을 뵐 수밖에 어찌할 수 없는 현실이 안타깝기 그지없고

회자정리 거자필반(會者定離 去者必返)[2]이 자연의 섭리이고 생자필멸(生者必滅)[3]이 만고불변의 진리이거늘 남아있는 피붙이가 님이 주신 은혜를 가슴에 파묻기에는 너무 크나 큰 짐이요 아픔이었소!

거소일소(去者日疎)[4]를 마음속에 깊이 새기고 세월이란 나룻배에 아쉬움을 띄워 보내 보지만 꿈속에 오롯이 나타나신 님의 모습이 빛바랜 사진과 오버랩되어 심장을 방망이질하니

그립습니다. 님의 품속에 안기어 어리광도 투정도 마음껏 부려보고 싶건만, 흐드러지게 피어난 춘삼월의 시계바늘을 되돌릴 수 없는 이승의 아픔이 있기에

님이시여! 지게·경운기·호미가 없는 천상의 세계에 다시 나셔서 만고복록 누리시고, 고해(苦海)[5]의 바다를 건너 생로병사 고통 없는 서방정토 극락세계에서 영원불멸 하시옵소서…

---

2) 『법화경(法華經)』에 나오는 말로서 만난 사람은 반드시 헤어지게 되고, 떠난 자는 반드시 돌아온다는 뜻이다. 불교에서는 만남과 헤어짐이 덧없는 일이라는 뜻으로 쓰는 말이나, 일반적으로는 헤어짐을 아쉬워하면서 쓰는 말이다.
3) 불교에서 생명이 있는 것은 반드시 죽음에 이른다는 말로 존재의 무상(無常)을 뜻한다.
4) 죽은 사람에 대한 생각은 날이 갈수록 잊게 된다는 뜻으로, 서로 멀리 떨어져 있으면 점점 사이가 멀어짐을 이르는 말이다.
5) 불교에서 고통의 세계라는 뜻으로, 괴로움이 끝이 없는 인간 세상을 이르는 말이다.

거자일소(去者日疎)[6]

헤어진 사람은 날이 갈수록 멀어지고
찾아오는 사람은 날로 친숙해지네

눈에 보이지 않으면 잊혀지고
가까이에서 서로 부대끼면 가까워지듯이

하늘나라 계신 아버지를 잊지 못해
소상 대상(小祥 大祥)[7] 때까지 잠 못 이루었으나

세월 속에 기억은 아련해지고
하해(河海) 같은 은혜 잊으니 불효자식 따로 없네

멀리 사는 사촌보다 가까운 이웃이
더 살가우니 거자일소가 따로 있나

자주 봐야 미운 정 고운 정이 묻어나는
묵은지 같은 감칠맛이 나지 않을까

바쁘다는 핑계 말고 오고 가는
카톡 속에 고운 정이 새록새록 솟아나리라

---

6) 중국 육조(六朝)시대 양(梁)나라의 소명태자(昭明太子)가 편찬한 『문선(文選)』「잡시(雜詩)」에 수록된 지은이 불명의 고시(古詩)이다. 거자일이소 래자일이친(去者日以疎 來者日以親)에서 따온 말이다.

7) 돌아가신 날로 1년이 지난 뒤에 지내는 상례를 소상(小祥)이라 하고, 2년이 되는 두 번째 기일(忌日)에 올리는 상례를 대상(大祥)이라 한다. 과거에 3년 상(喪)을 치렀을 때 대상(大祥)을 지내고 상(喪)을 벗으면 그 다음해부터는 기제사(忌祭祀)로 바뀐다.

부모님

산통(産痛)을
생애 최고의 기쁨으로
담대하게 받아들이신
어머니요

행여 다칠세라
금지옥엽같이
애지중지 키워주신
아버지요

자식 위해
아낌없는 사랑 주심을
일평생 자랑스러워하신
부모님

자식은
부모님 생신에
따뜻한 밥 한 그릇으로
자식도리 다했다고 여기고

어버이날에
카네이션 한 송이로
연례행사 끝났다고
동네방네 자랑하지만

부모는
자식의 무사 무탈 걱정에
잠 못 이룬 밤이
한두 번이 아니시고

남의 자식들 같이
제대로 뒷바라지를
못해 주었다고
애써 미안해 하시며

비가 오나 눈이 오나
일 년 삼백육십오일
성황님께 자식성공
지극정성 빌고 비시네

입으로는
하늘보다 높고
바다보다 깊으신
부모님 은혜를 되뇌이지만

내리사랑 핑계로
제 자식 챙긴다고
부모 은혜 잊은 지가
몇 날 며칠이던고

동행(同行)

삶이 아무리 고단하고 힘이 들더라도 같이 가자
서로 부대끼고 의지하며 살아가라고
사람 인(人)을 만들지 않았겠는가

삶의 무게가 두 어깨를 짓누를 정도로
아픔이 저미어 오면 짐을 내려놓으시오
그 짐을 내가 기꺼이 지고 가리다

태산도 오르내림이 있듯이 인생도 굴곡이 있게 마련이오
오르막길에서 숨을 몰아쉬며 헐떡이지 말고
내 등짝에 기대어 잠시 쉬어 가려나

일기도 시시각각 변화무쌍한데 인생인들 온전하리오
시류를 타고 흘러가는 한 조각 돛단배에
지친 몸뚱이를 잠깐 맡겨 두시오

슬플 때에는 같이 울어 줄 수 있는 사람
기쁠 때에는 같이 웃어 줄 수 있는 사람이
곁에 있어 살아 갈 맛이 나지 않는가

어차피 빈손으로 왔다가 빈손으로 가는
공수래 공수거(空手來 空手去) 인생이지 아니더냐
급하게 뛰지 말고 소걸음으로 천천히 걸어 갈지어다

이래도 한 평생 저래도 한 평생이거늘 시계바늘은 쉼 없이 돌아간다
어깨를 활짝 펴고 웃음꽃을 피우면서
앞만 보고 같이 걸어가는 동행이 되어줄게

행복은 향수

행복은
사방팔방으로
그윽한 향기를 내뿜는
향수와 같사오니

상대에게
먼저 향수를 뿌리면
그 향수가 자신에게
되돌아오듯이

내가
행복하지 아니하면
행복을 나누어
줄 수가 없느니라

행복의 4S

행복은
복잡하고 화려한 것을
바라지 아니하며
사소하고 단순한 것에
만족함으로써
생기는 것이고(Simple)

행복은
번개처럼 순식간에
찾아오는 것이 아니라
쥐도 새도 모르게
천천히 마음 속으로
스며드는 것이고(Slow)

행복은
크고 돈 많은 것을
기다리지 아니하며
작고 하찮게 여기는 것에서
움이 돋고 성장하는 것이며(Small)

행복은
큰소리 치고 화냄에서
생기는 게 아니라
미소 짓고 친절함에서
비롯되는 것이니라(Smile)

행복의 잣대

행복의 크기를 물질의 덩어리로
저울질하고 재단하려 덤벼들지 말라

많은 이가 그 물질에 짓눌려서
불행을 자초하며 파탄나지 않았던가

물질이 행복의 등식이 되면
그 물질 속에 갇혀서 헤어나지 못할 것이며

행복이란 미명 아래 무거운 등짐을 지고
땀을 뻘뻘 흘리며 낑낑거리지 않으려면

마음속에 새카맣게 낀 욕심의 먼지를 털어내고
비움의 맑은 마음을 가져 봄이 좋으련만

세속에 물든 삶을 바람결에 날려 보내듯
쉬이 털어냄이 어찌 그리 쉬우리오

물질은 행복을 앗아가고
불행을 불러들이는 사악한 마귀와 같음이니

행복이 비웃음으로 조롱하기 전에
등짝을 짓누르고 있는 무거운 짐을 내려놓게나

행복은 문을 두드리지 않는다

행복은
문을 두드리고
애걸복걸하며
찾아오지 않는다

가슴 속에 숨어서
마음의 문이
활짝 열리기만을
조용히 기다리고
있을 뿐이니

마음의 문을
굳게 닫고서
동네방네
뛰어 다니며
이 행복 저 행복을
구걸하지 말지어다

행복은
마음의 문만
열어 젖히면
소리 소문 없이
언제든지 찾아와서
웃음꽃을 피워주고
돌아가리라

좋은 말은 행복의 열매…

사람은 말을 통해서 자신의 생각을 상대방에게 전달한다. 자신의 의사를 일방적으로 전달하거나 지시할 때도 그렇고 서로 대화를 주고받으며 의견 조율을 할 때도 그렇다. 말은 사람과 사람과의 관계를 연결해 주는 가교역할을 하는 셈이다.

또 보슬비 내리는 우산 속에서 젊은 연인끼리 다정하게 사랑의 밀어를 속삭이는 것도 그렇다. 엄마가 아기에게 젖꼭지를 물리고 자장가를 불러 주는 것 역시 엄마와 아기와의 감정교환을 위한 의사소통의 한 과정이라고 볼 수 있다. 이처럼 말을 이용하여 자신의 생각과 감정을 상대에게 고스란히 전달하는 것이다.

그러니까 입 밖으로 내뱉는 말투 하나하나가 상대의 감정을 좌지우지 한다고 해도 지나친 말이 아니다. 고운 말을 하면 듣는 사람의 귀를 즐겁게 해줄 뿐만 아니라 기분도 맑게 해준다. 그러면 돌아오는 말도 고운 말이 돌아올 것이다. 옛말에 '가는 말이 고와야 오는 말이 곱다'는 속담이 있듯이 가정·학교·직장·사회 어느 곳 할 것 없이 말을 통해서 서로 간의 인간관계가 형성되고 일이 이루어진다. 그래서 말은 사람의 마음을 움직이게 하는 불쏘시개와 같은 역할을 한다고 볼 수 있다.

차디차게 내뱉는 말 한마디가 상대의 가슴에 못질을 하기도 한다. 따뜻한 말 한마디가 꽁꽁 얼어붙은 마음의 문을 활짝 열어젖힐 수 있는 열쇠가 되기도 하며, 부드럽고 상냥스러운 말 한마디가 사랑의 열매를 맺을 수 있는 씨앗이 될 수도 있다. 또한 미안하다거나 죄송하다는 말 한마디가 천냥 빚을 갚을 수도 있느니라…

'가루는 칠수록 고와지고, 말은 할수록 거칠어진다'고 했듯이 말이 얼마나 중요한지를 느끼게 하는 대목이다. 말을 많이 하다보면 자신도 모르게 실수를 하거나 하지 말아야 할 말을 불쑥 내뱉는 경험을 하게 된다. 또 '고기는 씹어야 맛이요, 말은 해야 맛이다'라는 격언이 있다. 아무리 좋은 생각이나 아름다운 마음을 가지고 있더라도 가슴 속에 담아두고 밖으로 내뱉지 아니하면 아무런 소용이 없다. 마음에 담아 둔 생각을 논리적으로 전달하는 것이 중요하다. 상대가 그 사람의 가슴속에 들어가서 어떤 생각을 가지고 있는지 읽을 수가 없기 때문이다.

듣기 좋은 말도 두 번 세 번 되풀이해서 말하는 것은 삼가해야 한다. 맨 정신에 하면 치매환자로, 술좌석에서 하면 주정뱅이로 치부되기 일쑤다. 아무리 듣기 좋고 달콤한 말도 두서너 번 반복해서 하게 되면 상대의 기분을 상할 수 있기에 더욱 조심해야 한다.

또 말은 가려서 해야 한다. 듣는 사람이 누구인지, 대화 장소가 어디인지, 대화 주제가 무엇인지 등 때와 장소에 따라 달리 말을 해야 한다. 친구들끼리 모인 술자리에서는 약간의 막말이 통할지 모른다. 그렇더라도 아니함만 못하다. 비즈니스나 예의를 갖추어야 할 곳은 할 말과 하지 말아야 할 말을 분명히 구분해서 말해야 한다. 옛말에 '관 속에 들어가도 막말은 하지말라'고 했다. 어떠한 경우에도 말을 함부로 해서는 아니 됨을 강조한 것이 아닐까 싶다.

따라서 일생을 살아가는 동안 '사랑해요'란 말의 집을 짓고 '고마워요'라는 말의 나무를 심어서 '감사해요'라는 말의 숲을 가꾸어 '좋아요'라는 말의 꽃을 피워 '행복해요'라는 말의 열매를 맺게끔 곱고 따뜻하고 아름다운 말을 쓰면 좋으리오~

불행의 무게

마음이
무겁고 답답하기에
불행함이 아니라

그 무게에 짓눌려
무겁다고 느끼기에
불행함이요

마음이
새털같이 가벼워서
행복함이 아니라

마음을 비워
뭔가를 채울 수 있기에
행복함이고

그 공간을
채울 의지를 가졌기에
행복함이니라

인연(因緣)

세상의 모든 일은 인연에 의해 나고
인연에 의해 연기처럼 홀연히 사라지는 법이니

인연이 닿으면 천 리 길 밖에 있더라도
언젠가는 만남이 이루어질 것이요

인연이 닿지 아니하면 코앞에서 서로 얼굴을
맞대고 지나치더라도 인연임을 몰라 볼 것이니

인연이 아닌 것을 억지로 끌어 들인다고 하여
아닌 인연이 인연으로 바뀔 수 없듯이

인연인 것을 인력으로 갈라놓는다고 해서
인연이 아니 될 수 없는 것처럼

인연 따라 나고 인연 따라 지는 법이니
인연에 쫓아서 순리대로 살아감이 현명하느니라

우수(憂愁)

산모퉁이를 휘감고
돌아선 한 줄기 갈바람이
연분홍 코스모스 꽃잎을
한잎 두잎 떨어뜨리니

오뉴월 뙤약볕을 머금고
자란 내 가슴 속 사랑화도
그리움의 꽃잎을
한잎 두잎 추억 속에 묻는구려

싱그러웠던 설악의 녹음이
울긋불긋한 단풍 옷으로
새 단장을 하며
겨울 채비에 여념이 없는 듯하니

내 마음속에 자리 잡은 희망의 꿈들도
오색물감으로 채색을 하며
삼모작 인생준비에
하루해가 짧은 듯 하구나

용서(容恕)

용서는 둘이 하나되는
첫걸음이요 시작이다

미움과 증오는
더 큰 미움을 낳으나
사랑과 이해는
화해의 악수를 청하는 것이다

미워하는 마음을
가슴 속에 품지 마라
마음의 병이 되어
몸을 상하게 할 수 있으리라

오죽하면 그랬으랴 하고
한 마음 되돌아보면
사람 사는 세상에
흔히 있을 수 있는 일이 아니겠는가

용서는
영원한 친구를 만들 수 있지만
미움은
철천지원수를 만들 수 있다

고요함

별빛이 쏟아지는
고요한 밤 하늘을 바라보고 있노라면

눈썹 달님은
구름 뒤에 숨어 숨바꼭질을 즐기고

천지 만물은
숨소리를 죽이며 꿈나라에 들었으니

태초의 신비를 담은
까아만 하늘에는 적막감마저 감도네

바람결에 스친
잎새들의 풀피리 소리는 예나 다름없고

삼경(三更)[8]을 깨우는
풀벌레의 노랫가락은 구슬프기 그지없지만

어느새 생얼의 달님은
서쪽 하늘 위에 대롱대롱 걸렸도다

---

8) 하룻밤을 오경(五更)으로 나눈 셋째 부분으로 밤 11시에서 새벽 1시 사이를 삼경(三更)이라고 말한다.

고향 하늘

고향의 하늘은
예나 지금이나
파아란 얼굴로
나에게 미소를 던진다

옥빛 물감을
뿌려 놓은 듯
티 없이 맑디 맑은
아름다움은 변함이 없다

고향 사람들도
나를 만날 때마다
밝은 웃음으로
눈인사를 나눈다

언제 찾아도
엄마 젖가슴처럼
포근한 느낌을
받을 수 있어 좋다

고향이기에
따뜻함을 주고
따뜻함을 느낄 수 있기에
고향이 아니던가

잎새마다 깊은 사연 있으랴

떨어지는 낙엽마다
깊은 사연을 담지 아니한
잎사귀가 어디에
또 있으리오

폭풍한설 속에서
꽁꽁 언 손을 호호 불며
따사한 봄날이
오리라 기약했었고

봄을 시샘하는
진눈깨비를 뒤집어 쓰고는
꽃샘추위를 이겨냈던
사연이 있으며

여름날의 폭풍우에
팔다리가 부러지고
온 몸에 피멍울이 맺혔던
기억들이 아련하나

넘어지고 엎어져도
좌절하지 않고 일어나서
작열하는 태양을 바라보며
눈웃음을 보내었고

칠월 칠석 밤하늘에 뜬
별을 하나 둘 헤며
잃어버린 자신감을 얻어
다시 뛸 수 있었고

팔월 한가위의
둥근 달을 바라보며
비움이란 참 진리를
배우고 또 배웠었지

보다 나은 내일이 있기에
이런 저런 사연들을
가슴에 차곡차곡
묻어둘 수 있지 않을까 싶네

오색 단풍잎에
고운 사연 담아서
메마른 가슴 속에
곱게 꽂아 두고 떠나리다

해맑은 연잎을 보고

티끌 한 점 없는 연잎은
아무리 많은 비가 내려도
빗방울을 굴러 떨어뜨리며

깨끗한 마음을 지님은
어떠한 유혹이 닥치더라도
조금의 흔들림이 없을 것이니

오욕칠정(五慾七情)[9]을 저버리고
순수함을 잃지 않는 마음가짐이
바른 삶으로 가는 첫걸음이니라

---

9) 다섯 가지의 욕심과 일곱 가지의 감정을 이르는 말이다. 오욕(五慾)은 사람이면 누구나 가지고 있는 다섯 가지 욕심으로 먹고 싶은 식욕(食慾), 갖고 싶은 물욕(物慾), 잠자고 싶은 수면욕(睡眠慾), 명예를 얻고 싶은 명예욕(名譽慾), 이성을 취하고 싶은 색욕(色慾)이다. 그리고 인간이기 때문에 가지는 일곱 가지의 감정으로서 희(喜: 기쁨), 노(怒: 성냄), 애(哀: 슬픔), 락(樂: 즐거움), 애(愛: 사랑), 오(惡: 미움), 욕(慾: 욕심)을 말한다.

술

술은 세상의 아픔과 슬픔을 녹여 주는
만병통치약과 같은 신비스러운 영물이기도 하지만
때로는 사람들을 이간질시키는 모사꾼 같은 존재이기도 하다

즐겁고 흥이 있는 좋은 자리나
슬프고 눈물바다를 이루는 나쁜 자리를 가리지 않고
이곳 저곳을 찾아다니며 불청객처럼 불쑥불쑥 나타나는 넘이다

경사스러운 잔칫상에 올라
일가 친척 친지들의 흥을 한층 돋우는가 싶더니
어느새 초상집에 얼굴을 뽀시시 내밀고 상주들의 눈물을 닦아 주네

주당들끼리 멱살잡이를 하여 싸움질을 시키거나
인간의 탈을 쓰고 해서는 아니 될 짓거리들을
눈앞에서 지켜보는 장본인이라 얄미워 때려 주고 싶지만

괴롭고 슬픈 자에게는 위안을 주고
기쁘고 즐거운 자에게는 콧노래를 흥얼거리게 하니
사람 사는 맛이 다 이렇고 이런 게 아닌가 싶다

기분 좋아서 한 잔 기울여 노래하고
기분 나빠서 두 잔 들이켜 목 놓아 통곡하면
가슴 속에 겹겹이 쌓였던 스트레스는 한 방에 날아가니

자네도 한 잔 나도 한 잔에 밤이 깊어가는 줄도 모르고
날밤을 까고 또 까니 몸은 파김치가 되고
뱃속은 천둥벼락에 난리법석을 치고 있네

한 잔 술은 양처럼 온순하나
두 잔 술에 원숭이처럼 노래하고 춤추며
세 잔 술에 사자처럼 으르렁거리고 싸움질하며
네 잔 술에 돼지처럼 길바닥에 나뒹구네[10]

탈무드의 이야기처럼 그대들의 피를 받아
천사의 눈물같이 맑고 깨끗하며 영롱한 이슬방울을
모아 놓은 듯 순수함의 결정체가 아니던가

그런 천사의 눈물도 주당들의 입 속을 타고 들어가니
헤르만 헤세[11]가 말한 '악마가 흘린 천사의 눈물'로 변해
악마가 재림하는 듯 하구나

술은 악마가 인간에게 준 신선한 선물인지
악의 구렁텅이로 몰아넣는 마약인지 물음표를 던지지만
해가 서산에 떨어지면 주당들은 대폿집 앞을 기웃거린다

사람이 술을 마시다가 술이 술을 먹으면
술은 곧 사람을 잡게 되고 대한민국의 밤거리는
희미한 가로등의 불빛 마냥 약한 바람결에도 허우적거린다

---

10) 『탈무드』에 나오는 이야기로 악마가 양, 원숭이, 사자, 돼지를 잡아 그 피를 포도씨앗 주변에 뿌렸다. 짐승들의 피를 빨아 먹고 자란 포도를 재료로 포도주를 만들었다. 그래서 포도주를 먹는 사람들은 먹는 양에 따라 양, 원숭이, 사자, 돼지처럼 행동을 하게 된다는 것이다.

11) 헤르만 헤세(Hermann Hesse: 1877.7.2-1962.8.9)는 독일의 소설가이자 시인이다. 주요 작품으로 『수레바퀴 밑에서』(1906), 『데미안』(1919), 『싯다르타』(1922) 등이 있으며, 『유리알유희』로 1946년 노벨문학상을 수상하였다.

마음

얼굴도 없는
천상의 모습으로
時空을 초월하여
여기 저기에 불현듯 나타나고

손도 없이
이것 저것을
움켜쥐려고 덤벼드는
욕심의 끝은 한량이 없고

발도 없이
천 리 길을 마다않고
단숨에 달려가기를
꺼려하지 아니하며

귀도 없이
세상 돌아가는 뜬소문을
쥐도 새도 모르게
듣기를 좋아하며

눈도 없이
사물을 직접 본 듯이
요모조모 따지며
품평을 늘어놓기도 하고

입도 없이
단맛 쓴맛 신맛
짠맛 매운맛 떫은맛을
귀신처럼 알아내고

코도 없이
속세에서 뿜어내는
아름다운 향기와
더러운 악취를 구분하며

내 가슴에
있는 듯 없는 듯 숨어서
무엇을 해야 할지
갈피를 바로 잡아주니

마음은
시시때때로
변화무쌍하게 형상을 바꾸는
신출귀몰(神出鬼沒)한 존재이니라

마음은 누구의 것인가?

마음은 누가 소유권을 가지고 있을까요? 마음이 숨어서 살고 있는 가슴을 가진 자가 마음을 소유하고 있다고 봐야 하나요? 과연 그럴까요? 만약에 각자가 가지고 있는 마음을 '내 마음'이라고 딱 부러지게 말할 수 있다면 '마음'을 자유자재로 움직일 수 있어야 할 것이다. 그러지 못하면서도 우리는 '내 마음'이라고 부르고 있다.

법률적으로 소유권을 가졌다고 하면 소유물을 가진 자가 마음대로 처분할 수도 있어야 하고, 마음대로 사용할 수도 있어야 하며, 마음대로 수익을 얻을 수도 있어야 한다. 그런데 내 가슴속에 있는 마음을 내가 의도대로 자유자재로 움직이고, 돈을 받고 누군가에게 매매하고, 또 누군가에게 빌려줘서 월세라도 받을 수 있는지요?

생각대로 마음을 움직이게 할 수 있는 방법은 아무것도 없다. 가슴속에 들어 있는 마음을 통제할 수 있는 전지전능한 능력이 있다면 얼마나 좋을까 하고 생각을 가다듬어 본다.

행복과 불행은 '마음'에 달려 있다. 당나라 유학길에 올랐던 신라시대 원효대사가 중도에 유학을 포기한 일화는 유명하다. 유학을 떠난 스님이 깊은 산 속에서 잠을 청하는데 갈증이 났다. 그래서 칠흑 같은 어둠 속에서 손을 뻗으니 바가지에 물이 담겨 있음을 발견하고는 그 물을 벌컥벌컥 마신 것이다. 한 모금의 물은 사막의 오아시스와 같았다.

그러나 날이 밝자 간밤에 마신 물이 해골바가지에 담긴 썩은 물이었음을 보고는 그만 구토를 하기 시작했다고 한다. 그렇다고 간밤에 마셨던 물의 본성이 달라지는 것이라고는 아무것도 없다. 다만 마음이 찝찝하고 구역질이 날 뿐이다. 그 순간 스님은 무릎을 탁! 치면서 큰 깨달음을 얻게 되었다고 한다. 행복과 불행의 기준은 멀리 있는 것이 아니고 개인의 마음에 달려 있다는 것을 깨닫게 된 것이다. 그게 바로 일체유심조(一切唯心造)이다.

마음을 행복이란 맑은 우물 속에 담그면 깨끗하고 즐거운 마음의 새싹이 돋아날 것이고, 진흙탕 오물 속에 담그면 더럽고 역겨운 냄새가 진동하는 마음의 새싹이 자랄 것이다. 어디에다 여러분의 마음을 담가야 할지는 불문가지이다. 삼척동자도 알 수 있는 명확한 질문이지만 현실은 그렇지 않다. 마음은 맘대로 할 수 없는 존재이기 때문이다. 선한 마음과 악한 마음이 서로 치고 박고 싸우면서 누가 이기고 지느냐에 따라 맑은 샘물에 발을 담그기도 하고, 그렇지 않고 악한 마음이 승리하여 진흙땅 속에 발을 깊숙이 쑤셔 넣기도 하죠. 또한 마음은 소유할 수 없기 때문에 생각대로 사고 팔 수가 없다. 그러나 누군가에게 줄 수는 있다. '情(정)'을 듬뿍 담아서 줄 수 있는 보배로운 재산인 셈이죠.

마음은 가슴속 깊은 곳에 숨어서 살고 있다. 그러나 눈에 보이지도 않고 손에 잡히지도 않으며 노끈으로 꽁꽁 동여맬 수도 없다. 연기처럼 바람결 따라 동에 번쩍, 서에 번쩍거린다. 그러니 애써 마음을 잡으려고 하지 말지어다. 다만, 맑은 물에서 놀 수 있도록 잘 꼬드기는 수밖에 없지 않을까 하는 생각이 드네요. 이 놈은 본디 역마살이 끼어 사방팔방을 헤집고 다니는 넘이니까…

마음을 그려라

구름은 그릴 수 있어도
바람은 그릴 수 없듯이
얼굴은 그릴 수 있어도
마음은 그릴 수 없으며

빗물은 채울 수 있어도
향기는 채울 수 없듯이
욕심은 채울 수 있어도
행복은 채울 수 없으며

묘기는 흉내 낼 수 있어도
재능은 흉내 낼 수 없듯이
지식은 흉내 낼 수 있어도
지혜는 흉내 낼 수 없으며

건강은 붙들 수 있어도
나이는 붙들 수 없듯이
인연은 붙들 수 있어도
사랑은 붙들 수 없느니라

마음이 맑으면

흰색 천이
물감을 잘 머금듯이
깨끗한 물에는
설탕이 쉽게 녹아드니

마음이
깨끗하고 청결하면
그대의 진심을 믿고
따르는 이가 많을 것이요

마음이
아름답고 순수하면
그대의 언행을 의심하는
이가 없을 것이며

마음의 바탕이
곱고 온화하면
모든 이가 마음의 문을 열고
그대를 찾을 것이니라

돈 가면 마음도 간다

돈은 생활을 풍요롭게 해주는
도구임에는 틀림없는 사실이다

졸부들은 돈으로 권력과 명예를 사서
거들먹거리기도 하고요

몰지각한 사람들은
돈으로 자신의 치부를 틀어막기도 하지요

부자(父子)간에도 돈의 다과(多寡)에 따라
정(情)이 오고 가는 세상이 되었구려

부모 보고 문안인사 드리는 게 아니라
돈을 쫓아 부모 찾는 세상이며

돈이 가면 마음도 따라 가니
한번 건너 간 돈은 함흥차사[12]되어 돌아올 줄 모르고

돈을 뒤쫓아 간 마음[13]은
영원히 되돌아오지 않을 것이니 삼가 조심할지어다

---

12) 함흥차사(咸興差使)란 심부름을 가서 돌아오지 아니하거나 늦게 온 사람을 이르는 말이다. 조선 태조 이성계가 왕위를 물려주고 함흥에 있을 때에 태종이 보낸 차사를 죽이거나 잡아 가두어 돌려보내지 아니하였던 데서 유래한 말이다.
13) 어느 재일 교포 할아버지가 자식들에게 재산을 물려주고 버림받은 뒤에 고국으로 돌아와서 노숙자 생활을 하는 기사를 보고 마음이 아파서 펜을 든 글이다.

몸이 멀면 마음도 멀어진다

아무리 가까운 친인척이라 할지라도 멀리 떨어져서 가뭄에 콩 나듯이 어쩌다가 한번씩 얼굴을 보고 지내게 되면 자연스레 마음도 멀어지게 마련이다. 서로가 없으면 죽을 듯이 가깝게 지내던 연인들도 학업이나 직장 또는 군대 등의 이유로 몸이 떨어지게 되면 어느새 그 빈자리를 다른 사람이 비집고 들어와서 차지하는 경우를 흔하게 볼 수 있다.

세상이라는 게 다 그런 거다. 영원이라는 것은 있을 수도 없고 이 지구상에 존재하지도 않는다. 생자필멸(生者必滅)이다. 나면 지게 마련이다. 이는 만고불변의 진리이다. 시간적인 관점에서 보면 길고 짧음의 차이일 뿐이다. 그런데 우리는 자식이나 연인을 자신의 전유물처럼 소유하려고 한다. 그렇게 하면 안 된다. 만지지도 말고 건드리지 말라. 여름철에 풀잎 위에 살포시 내려앉은 새벽이슬과 같은 것이다. 만지면 어디론가 사라진다. 가까이에 두고 눈으로만 바라보아야 한다.

비록 몸이 떨어져 있더라도 마음만은 변치 않기 위해서는 자주 문자라도 주고받고 안부라도 물어야 한다. 그렇지 아니하면 이내 마음속에서 사라진다. 동일 시도(市道) 내에서는 동일 통화권임에도 불구하고 같은 생활권이 아니면 전화마저 쉽게 걸지 않는다. 특히 1인 1휴대폰 시대에는 거리에 관계없이 통화요금이 동일함에도 멀리 떨어져 있는 친지나 친구와의 통화는 쉽지 않다. 마음의 거리가 멀기 때문이다. 지구가 하나의 거대한 네트워크화된 세상에서는 물리적인 거리가 큰 문제가 아니다. 수백만 리 떨어진 지구촌 반대편의 사람과도 실시간으로 얼굴을 보면서 통화를 할 수 있는 마당에 가까운 사람과의 인간관계는 아직도 아날로그 시대를 벗어나지 못하고 있다. 그야말로 현실은 물리적인 공간을 중요시한다.

제2편

꿈을 키워라

꿈

손에 잡히지도 않고
눈에 보이지도 않는
그것을 찾아서
청춘을 불살랐다

길들여진 강아지처럼
가슴 속으로
깊이 파고들어서

신기루마냥
어렴풋하게라도
보였으면 좋으련만

잡힐 듯하면서
아니 잡히고
보일 듯하면서
아니 보이니

꿈은
오뉴월의
저녁하늘에 걸린
무지개란 말인가

꿈은 천국이요 현실은 지옥이다[14]

누구나 천국 같은 이상향(理想鄉)이
현실화되기를 꿈꾸며 살아가나

꿈과 현실은 태생이 서로 다르기에
쉽게 어울리지 않으리라

꿈은 피와 땀을 먹고 살지만
현실은 편안함과 더 가깝게 지내니

꿈을 '현실'이의 집에 정히 모시려면
피로 기름칠을 하고 땀으로 밑간을 맞춘
일품요리 대접을 해야 하느니라

퇴비를 뿌리지 않는 꿈은
카메라 렌즈에 맺힌 허상에 불과하며

지옥 같은 현실의 가시밭길을 지나면
꿈같은 천국의 세계가 기다리니

피와 땀으로 최선을 다하면
지금의 이 자리가 곧 유토피아가 되리라

---

14) 유니클로(UNIQLO) 사장 야나이 다다시는 '꿈은 천국에 가깝고, 현실은 지옥에 가깝다'라고 말하였다.

부모의 꿈

부모의 관심이
지나친 아이는
부모를 위한 꿈을
꾸게 되고

부모의 관심이
부족한 아이는
건달이 될 꿈을
꾸게 되며

부모의 사랑을
듬뿍 받은 아이는
자신에 의한
자신을 위한
자신의 꿈을
꾸게 되리라

☆별☆

까아만 밤하늘의 별들은
언제 잠을 자는 걸까

백주(白晝) 대낮에
달님 등에 업혀서 소근거릴까

비단에 자수(刺繡)를 놓은 듯
은빛 구슬이 촘촘히 박혀서

초롱초롱한 눈망울로
어두운 밤하늘을 지켜준다

그대의 밤길을 인도하는
나침반(羅針盤)이 되어 주려나

그대의 어둠을 밝혀주는
등불이 되기 위함일까

등불

에베레스트 산의
정상을 오름도
한 걸음으로부터
시작하듯이

세상을
환히 밝히는 등불도
작은 불빛에서
비롯되었을 것이니

자그마한 나눔은
꿈을 잃은 자에게
희망의 빛을
심어 줄 것이요

따뜻한 사랑은
상처받은 자에게
용기를 주는
작은 밀알이 되리오

마음의 문을
따사하게 열어 젖혀서
어둠을 밝히는
광명의 빛이 되소서

Mulligan

최초의 티샷이 잘못되었을 때
벌타 없이 다시 기회를 주는
골프의 세컨드 샷처럼

인생도 죽음의 문턱에서
다시 살아갈 수 있는
세컨드 라이프를 주면 어떨까

너도 나도 염라대왕
멱살 잡고 세컨드 라이프
기회 달라고 난리법석이겠죠

목숨에 대한 멀리건[15]은
없을지언정 삶의 여정에는
멀리건이 많이 있을진대

한번 쓰러져 좌절 말고
두 번 세 번 일어나서
다시 뛰면 그게 멀리건 아닐까

실패를 두려워하지 않는
도전적인 오뚜기 인생이
진정한 멀리건이리라

---

15) 멀리건(mulligan)은 골프 중의 하나이며, 이는 최초의 티샷(test shot)이 잘못되었을 때 벌타 없이 주어지는 세컨드 샷을 말한다. 실력 차이가 현격한 골퍼들과 경기를 치르며 다시 칠 수 있는 기회를 달리고 요청한 멀리건이라는 사람의 이름에서 유래되었다.

무지개

금은보화 가루 뿌려
오색영롱 구름사다리
천상에서 내려 주니

형형색색 비단으로
자수(刺繡)를 놓은 듯
하늘과 땅 끝이
서로 맞닿아 있네

구름사다리 잡아타고
하늘 높이 날고 싶지만
쫓으면 쫓을수록
어디론가 도망가네

창공을 가로 지른 무지개는
나의 꿈이요
나의 희망이요
나의 이상이 아니런가

소나기 그치면 무지개 뜬다

소낙비가 그친 뒤에
영롱한 무지개가 떠오르고
땅이 단단하게 굳어지듯이

큰 아픔이나 시련을 겪은 후에
위기를 극복할 수 있는
지혜로운 영감을 얻게 되며

애정싸움을 벌인 뒤에
부부지간의 금슬(琴瑟)이
더욱 더 돈독해짐을 깨닫게 되고

머리 끄댕이를 휘어잡고
싸움질을 한 친구에게
금란지계(金蘭之契)의 우정을 쌓아 가듯

폭풍우가 휘몰아치고 지나가면
묵은 찌꺼기를 씻어내고
새 생명체의 움을 띄우나니

갖은 고난을 역경이라
치부 말고 담대하게 맞닥뜨려
슬기롭게 헤쳐나갈지어다

무지개를 쫓지 마라

무지개는
당신의 마음을
훔쳐가는
허상이다

무지개는
쫓으면 쫓을수록
저만치 도망치는
신기루다

무지개는
쫓는 대상이 아니라
먼발치에서 바라만 볼 수 있는
희망이니

무지개는
무지개일뿐
꿈도 이상도 아닌
현실 속의 현실이다

길

길은
산비탈 오솔길과
마을어귀 골목길만
있는 게 아니다

제주의
올레길도 있고
지리산
둘레길도 있듯이

몸이 가는
몸 길이 있는가 하면
마음이 다니는
마음 길도 있느니라

몸이 가는 길에
마음이 뒤따르면
불편함이 그지없고

마음이 가는 길에
몸이 뒤따르면
몸도 마음도 행복함이어라

구름

구름은
생떼를 쓰지 않고
바람 부는 대로 흘러간다

구름은
흩어졌다 뭉쳤다를 반복하면서
정처 없이 떠돈다

구름은
앞서거니 뒤서거니 하지만
서로 다투지 아니한다

구름은
산맥이 앞을 가로 막으면
말없이 그를 타고 넘는다

구름은
불평도 불만도 하지 않고
바람 부는 대로 흘러간다

청춘(青春)

청춘은 겨우내 얼었던 땅 속을 비집고
파릇파릇한 새싹의 움을 틔우는 춘삼월이다

기지개를 켜고 푸른 창공을 날아오르기 위해
힘찬 날개 짓을 하는 새끼 독수리이다

청춘의 둥지 속에서는 고난과 역경을 이겨낼
미래를 꿈꾸고 희망을 불태울 수 있다

폭풍우와 같은 거센 세파를 이겨내고
행복의 문을 열어젖히기 위한 성장의 아픔이 따른다

청춘은 불가능을 가능으로 바꿀 수 있는
역동적인 힘과 용기를 가지고 있기에 좋다

젊음이 꽃이다

천하제일의 양귀비 꽃도
시들면 꿀벌들이 떠나듯이

제아무리 아름다운 미인도
세월 앞에는 묘약이 없고

콧날도 세워보고
광대뼈도 깎아 보지만
젊음보다 더 못하고

분칠을 하고
명품으로 연출을 해본들
청춘보다 못하나니

이 세상에 젊음보다
더 아름답고 예쁜 꽃이
어디에 또 있으랴

시들어 낙엽지듯
떨어지기 전에
춘삼월 뙤약볕을
하루라도 더 쬐어보렴

잊음도 삶이다

삶을 살아가면서
평생을 잊지 않고
가슴속에 고이 간직해야
될 것도 있지만

때로는 물로 깨끗이
씻어 내린 듯이
까맣게 잊고 지내야
할 것도 많지 않은가

금붕어는
작은 어항 속에 갇힌
사실을 모르기에
유유자적(悠悠自適)하며 살아 갈 수 있고

다람쥐의 건망증으로
숨겨둔 도토리가
이른 봄에 싹을 틔워
상수리 숲을 이루듯

아픔 실패 원한 미움은
말끔히 잊어버림이
정신적 건강에 도움이 되리라

쓰라린 아픔의 상처를 잊으면
고해(苦海)의 바다를 건너
안락의 숲을 이룰 것이며

실패의 경험을 잊으면
재기(再起)의 싹을 틔워
풍성한 성공의 숲을 이룰 것이며

가슴에 맺힌 원한을 잊으면
화해(和解)의 싹을 틔워
평화의 숲을 이룰 것이며

꼴도 보기 싫은 미움을 잊으면
연민(憐憫)의 싹을 틔워
사랑의 숲을 이룰 것이요

빨강 초록 파랑
삼원색의 지우개로
좋지 않은 삶의 궤적을
하나 둘 지워가며 살자구요

잊음이
새로운 삶을 충전하는
동력이 되어 삶의 무게를
덜어주는 짐꾼이기를

열정

붉게 타오르는
저 장미를 만져보라

불덩이처럼 이글거리는
저 태양을 쳐다보라

넝쿨 속에 숨은 저 장미처럼
하늘 위에 뜬 저 태양처럼
열정이 힘차게 솟구치고 있다

한 점 흐트러짐도 없이
온 힘을 쏟고 쏟아서
열정을 뜨겁게 불사르고 있다

열정(熱情)은
오뉴월의 장미가 되고
작열하는 태양이 되어
보석처럼 광채를 발하리라

빈 깡통

속이 텅 비어 있는 깡통은
소리를 내지 아니하고

속이 가득 찬 깡통 역시
소리를 내지 못하며

소리를 내는 깡통은
무언가를 조금 품고 있는 깡통이니라

만물의 영장이라 불리우는 사람도
깡통과 진배가 없으니

식견이 짧은 사람은
해야 할 말만 가려서 말하는 버릇이 있고

덕이 높은 사람은
할 말과 하지 말아야 할 말을 분별해서 말하나

어설프게 머리 속이 찬 사람은
나설 곳과 나서지 않을 곳을 구분하지 못하고

좌중을 휘어잡고 부산을 떠는 듯하지만
손에 잡히는 알맹이는 하나도 없느니라

건강(健康)

건강은 억만금을 주고도 살 수 없는 가장 보배로운 자산 중에 최고의 자산이다. 건강을 잃으면 이 세상의 모든 것을 다 잃게 된다. 아무것도 가진 것이 없는 빈털터리 신세로 전락하게 된다. 건강은 건강할 때 지켜야 하나 현실은 그렇지 않다. 너 나 할 것 없이 먹고 사는 게 바쁘다는 핑계로 건강관리에 소홀함이 없지 않다. 건강을 잃은 후에 건강의 소중함을 깨우치고 땅을 치며 통곡하는 이들이 많다.

건강은 꽃밭의 화초와 같다. 주기적으로 적당히 물을 주고 잡초를 뽑아 주면 아름다운 꽃을 피우고 건실한 열매를 맺는다. 그러나 나 몰라라 하고 내팽개쳐 버리면 각종 병충해로부터 공격을 받아 이내 말라 죽게 된다. 이와 같이 건강은 사시사철 눈이 오나 비가 오나 한 시도 쉬지 않고 꾸준히 다듬고 가꾸어야 하는 것이다. 건강을 해치는 요인은 여러 가지가 있겠으나 크게 4대 악(惡)을 들 수 있다.

첫째, 스트레스이다. 스트레스는 만병의 근원이다. 현대의학에서 스트레스를 각종 질병을 일으키는 가장 큰 요인으로 꼽고 있다. 그러나 현대인이 스트레스와 완전별거를 하면서 살아가기는 쉽지 않을 것이다. 그러면 답은 두 가지다. 하나는 스트레스가 발생하는 환경으로부터 탈출하는 것이다. 죽음이냐 삶이냐의 기로에 서 있는 심정으로 심각하게 생각해야 한다. 또 다른 하나는 마인드컨트롤을 통해 스트레스를 깨부수는 것이다. 스트레스를 극복하고자 하는 강한 의지와 노력이 뒤따라야 한다.

둘째, 섭생(攝生)이다. 평소에 먹고 마시고 숨 쉬는 음식·물·공기가 맑고 깨끗해야 한다. 오염된 더러운 물이나 음식을 먹고 마시면 몸도 더럽게 변하기 마련이다. 이는 자연의 진리이다. Junk Food나 Instant Food를 오랫동안 과다섭취하면 당뇨, 고지혈증, 비만, 심장병, 고혈압 등 성인병을 촉발시킬 수 있는 원인이 된다는 사실은 이미 밝혀진 사실이다. 또 지나친 과음과 흡연이다. 적당한 음주는 건강에 이롭다는 연구보고가 많기는 하지만 주당님들께서 건강에 이로울 정도로 절주(節酒)를 한다는 게 결코 쉬운 일은 아니다. 그리고 흡연은 음주보다 더 나쁘다. 그야말로 백해무익한 존재이다.

셋째, 게으름이다. 게으른 자는 거지도 싫어한다는 말이 있다. 남한테 얻어먹는 거지도 부지런해야 배를 굶지 않기 때문이다. 건강은 부지런한 자만이 지킬 수 있는 전유물이라 할 수 있다. 게으름으로 건강을 잃을 것인지, 부지런함으로 건강을 지킬 것인지는 절체절명(絕體絕命)의 문제로 받아 들여야 한다.

넷째, 과욕(過慾)이다. 지나친 욕심은 모자람만 못하고 정신 건강을 황폐화시키는 원인이 되기도 한다. 심(心)과 신(身)은 따로 분리할 수 없는 존재이기 때문이다. 건전한 정신 위에 건강한 육체가 뿌리 내릴 수 있음을 명심하고 지나친 욕심을 버리고, 맑고 깨끗한 무소유(無所有)의 정신을 갖는 것이 건강을 지키는 첫걸음이 아닐까 하는 생각을 해본다.

건강은 과신할 존재도 아니지만 자랑할 존재도 아니다. 올바른 생활습관을 통해서 내 몸을 내가 아끼고 사랑하는 것만이 건강을 지킬 수 있는 첩경임을 명심해야 할 것이다. 건강은 행복을 지켜 주는 필요충분조건임을 잊지 말아야 할지어다^.^

고독(孤獨)

고독을 즐길 줄 아는 사람만이 성공할 수 있다. 고독은 모든 사람들이 멀리하고 싶은 존재임에는 틀림없지만, 고독을 가까이에 두고 지내면 잃는 것보다 얻는 것이 더 많다.

특히, 조직의 규모에 관계없이 최고의 위치에 있는 사람은 최종적인 의사결정을 해야 하는 순간만큼은 혼자일 수밖에 없다. 부하직원으로부터 많은 정보를 보고받지만, 이러한 정보들은 최고경영자의 의사결정을 위한 기초자료일 뿐이지 정답은 아니라는 것이다.

무인도에 내팽개쳐진 느낌, 친구들로부터 집단 따돌림을 받고 혼자 덩그런 교실에 남아 있는 기분, 장맛비가 주룩주룩 내리는 주말 오후에 혼자서 집을 지키는 느낌과 같을 것이다. 이와 같이 고독은 혼자서 감당하기 힘든 존재이다.

하지만 고독을 일부러 가까이 할 필요는 없지만 이왕 곁에 와서 집적거린다면 멀리 따돌릴 생각부터 하지 마라. 이 놈을 어떻게 요리할 것인지를 고민하라. 그리고 고독이라는 자와 가까이할 수 있도록 노력하고 친하게 지내도록 하는 것이 중요하다. 고독을 즐길 줄 아는 자만이 '최고의 자리'에 오를 수 있기 때문이다.

관심(關心)

마음이 있으면
관심을 갖게 되고

관심이 있으면
사랑을 움트게 하며

사랑이 있으면
몸을 움직이게 하니

관심은
사랑을 키우는
자양분이며

사랑은
행복의 문을 여는
열쇠이니라

그림자

그림자는 나의 마음을 가장 잘 헤아리는
친구이자 보디가드로서의 역할을 톡톡히 해낸다

햇볕이 따사하게 내리쬐면 내 앞에서
동자승처럼 천진난만하게 덩실덩실 어깨춤을 추고

동녘하늘에 휘영청 밝은 달이 떠오르면
북두성 별님에게 사랑의 밀어를 속삭인다

보름달 밤하늘에는 생기발랄한 모습을 보이다가
희미한 그믐달이 찾아오면 비실비실 맥을 못 춘다

내가 뜀박질하면 행여 뒤질세라 바지자락 부여잡고
벤치에 쉬기라도 하면 곁에 앉아 숨을 헐떡인다

언제나 내 곁을 지켜주는 동반자이지만
거센 폭풍우 앞에서는 그대도 기진맥진 신세이며

한 줄기 비바람이 일어 뜬구름의 갈 길을 재촉하면
그대와 나는 온종일 숨바꼭질하기 바쁘고

혼자서는 아무것도 할 수 없는 바보라지만
항상 내 사랑 지킴이 되어주니 나는 그대가 좋더라

정도(正道)를 걸어라

기본(基本)과 원칙(原則)에 충실하며
서두르지 아니하고

사실(factors)을 사실대로 말할 수 있는
용기(勇氣)가 필요하며

반칙(反則)과 편법(便法)이 발을 붙일 수 없는
세상이 열리고

안 되는 것은
하늘이 무너져도 안 된다고 말하며

길이 아니라고 하면
절대로 발을 들여 놓지 아니하는

이 다섯 가지 방편(方便)이
바른 언행(言行)을 지키는 으뜸이요 정도(正道)이며

개인(個人)과 국가(國家)를 구분하지 않고
똑같이 적용이 되나니

정도(正道)가 뿌리내려
곱게 성장할 수 있는 토양을 키워야 할지어다

소금이 되어라

한 점의 바램도 없이
자신의 몸을 녹여서
음식의 참맛을 내는
소금처럼

백성의 마음속을
파고드는
진정한 정치인이었으면
좋으련만

대통령이고
국회의원이고
입만 열면
나라사랑
백성사랑을 외치나

국민은 안중에도 없고
자신들의 가솔 챙기기에
사년도 모자라고
오년도 모자라는 듯 하는구나

자신의 몸을 녹여서
음식의 참맛을 내는
소금처럼
백성을 주인으로 섬길 줄 아는
소금이 되었으면

눈을 뜨라

눈을 뜨라
가슴을 펴고
마음의 눈을 뜨라

마음의 문을 닫으면
눈을 뜨고 있으나
눈 감은 장님과 같고

마음의 문을 열지 않으면
삼라만상이
회색으로만 보일 것이니

마음의 문을 활짝 열고
오색영롱한 무지개를
볼 수 있는 눈을 뜨라

틀을 깨라

명분도 없고 실리도 없는
낡은 틀 속에 갇혀서
인생의 반쪽을 허비하고 사는구나

틀을 허물고 깨부술 때
한 마리 봉황새가 되어
하늘 높이 훨훨 날아오를 수 있으리라

알 속의 병아리가
껍질을 깨고 새로운 세상에 나오듯
명분과 실리 하나 되어 줄탁동시(啐啄同時)[16] 이루니

명분과 실리 간의 다툼이 없어지고
인생사는 만사형통이요
세상사는 태평성대이어라

---

16) 닭이 계란의 껍질을 깨고 나올 때에 알 속의 병아리가 껍질을 깨뜨리고 나오기 위하여 껍질 안에서 쪼는 것을 '줄(啐)'이라 하고, 어미 닭이 밖에서 쪼아 깨뜨리는 것을 '탁(啄)'이라 한다. 이 두 가지가 동시에 행하여질 때 사제지간(師弟之間)이 될 연분(緣分)이 서로 무르익음을 비유하는 말로 쓰이며, 두 가지기 동시에 발생해야 일이 완성될 수 있다는 고사성어이기도 하다.

사고의 틀을 깨부수라

세상의 모든 일에는 할 수 있는 일이 있고
할 수 없는 일이 있게 마련이다
할 수 없는 일에 목숨 걸면
무리가 따르게 되고 불협화음이 발생하여 시끄럽다

상대가 있는 일은
내 마음대로 할 수 있는 능력 밖의 한계점이 발생한다
그 한계점을 완력으로 누르려고 하면
아무리 나약한 자도 필사즉생(必死卽生)으로 덤빈다

남의 생각을 바꾸려고 하지 말고
나의 생각을 바꾸도록 노력하는 게 훨씬 쉽다
내가 마음의 문을 열면 상대도 마음의 문을 열 것이며
내가 마음의 문을 닫으면 상대도 마음의 문을 걸어 잠근다

상대성의 원리에 의해 세상이 돌고 도는 것이니
시시비비가 있는 옳고 그름은 없다
서로 이해하고 양보하면 너도 살고 나도 사는
밝고 맑은 화평의 세상이 펼쳐지리라

젊은이여 깨어나라

젊음이 있기에 고통이 있고
고통이 있기에 젊음이 좋은 것이니라

삼포 오포세대[17]라고 가슴을 졸이며
낙담도 실망도 하지 말지어다

팍팍한 삶의 굴레 속에 갇혀서
시절이 수상하다고 원망도 하지 말라

파란 하늘을 이고 맑은 공기만 들이켜도
살아야 할 가치가 있지 아니한가

피 끓는 젊음은 삶의 희망이요 꿈이려니
포기도 좌절도 없는 오뚝이가 되어다오…

---

17) 삼포세대(三抛世代)는 연애, 결혼, 출산을 포기한 세대를 말하며, 오포세대(五抛世代)는 연애, 결혼, 출산, 인간관계, 내 집 마련을 포기한 세대를 말한다. 젊은이들의 암울한 현실을 빗대서 표현한 말로서 앞날이 내다보이지 않은 사회현실을 뜻한다.

MOT(Moment of Truth)를 잡아라

인생을 엮어감에 있어
두 번 다시 쉽게 오지 않는
결정적인 진실의 순간을
놓치지 않도록 유념할지어다

언제 다시 찾아올지도 모르지만
쥐도 새도 모르게 왔다가
은근슬쩍 사라지는 경우가
부지기수이기 때문이니라

MOT는 인생의 운명을
바꿀 수 있는 절호의 찬스이기에
절대 놓치지 아니 하도록
혼신의 힘을 쏟아야 하는 것처럼

투우사가 MOT를 놓치면
하나뿐인 목숨을 잃을 수 있지만
기회를 잘 포착하여 소를 제압하면
부(富)와 명예(名譽)를 얻을 수 있음이라

진실의 순간을 결정짓는
MOT를 정확히 포착하는 자가
곧 성공의 열쇠를 손아귀에
넣는 것과 같음이니라

선(善)을 모르게 행하라

선(善)을
동네방네 떠들고 자랑함은
처음부터 아니 행함만 못하고

악(惡)을
감싸고 숨기면 그 썩은 냄새는
천지를 진동시킬 것이니

선(善)은
아무도 눈치 채지 못하게
소리 소문 없이 베품이
참된 선(善)이라 할 것이며

악(惡)은
아예 뿌리를 내릴 수 없게
싹을 싹둑 잘라 버리는
용기가 필요하리라

머리에 지혜를 담아라

머리는 지혜를
얼굴은 웃음을
가슴은 사랑을
담는 그릇이며

머리에 우둔을
얼굴에 성냄을
가슴에 미움을
담는 그릇이 아니니

머리로
허튼 잔꾀를
부리지 말 것이며

얼굴에
화낸 모습을
보이지 말 것이며

가슴에
증오심을
불태우지 말지어다

남의 허물을 보지 마라

남의 그릇된 헛소문을
귀(耳)로 듣지 말 것이며

남의 허물어진 모습을
눈(目)으로 보지 말 것이며

남의 잘못을 험담으로
입(口)에 담지 말 것이며

남의 곪아빠진 상처를
코(鼻)로 냄새 맡지 말 것이며

남의 나쁜 버릇을
손(手)으로 고치려 하지 말 것이며

남의 자그마한 실수를
마음(心)으로 즐기지 말 지어다

내가 존경받고 싶으면
남을 업신여기지 말 것이며

내가 인정받고 싶으면
남을 배려할 줄 알아야 하며

내가 행복하고 싶으면
남의 불행을 반기지 말 것이며

내가 잘 되고 싶으면
남의 발전을 도와줄 것이며

내가 기쁘고 싶으면
남의 슬픔을 함께 할 것이며

내가 즐기고 싶으면
남의 고통을 어루만져 줄 것이니라

작은 꽃잎이 모여서
아름다운 꽃밭을 만들고

작은 미소가 어우러져
행복한 웃음꽃이 피어나고

한 방울의 낙수가 합쳐져
크나큰 강물을 만들어 내고

크고 작은 나무들이 모여서
울창한 밀림의 숲을 이루고

한 점의 조각구름이 모여서
하얀 뭉게구름을 만들며

한 줄기 바람이 일어
세찬 폭풍우를 몰고 오듯이

하나가 모여서 둘이 되고
둘이 합쳐서 우리가 될 것이며

'나'라는 하나의 단수보다는
'우리'라는 복수가 어우러져서

모두가 함께하는 공생공존의
아름다운 꽃이 피어오르리라

99의 노예가 되지 마라

매를 맞은 사람은
두 다리 쭉 뻗고 밤잠을 청할 수 있지만
때린 사람은
오금이 저려 악몽을 꾸듯이

가진 게 없는 사람은
푸성귀 국물에 감사함을 잊지 않으나
가진 자는
고기반찬에도 푸념을 하고

가진 재물을 빼앗길까봐 담장을 높이 쌓고
적외선 카메라로 망을 보며 움켜쥐기에 안절부절이며

아흔아홉 칸의 구중궁궐(九重宮闕)을 가진 자는
백 칸을 채우기 위해 하나의 부족함에 목말라 하고

치솟는 전셋값에 밤잠을 설치는 자는
가족들과 비바람을 피할 수 있는 오두막이라도 있었으면 하니

욕심은 끝이 없지 않는가
99를 가지고 남은 1을 채우기 위해
목숨까지 거는 인생은 살지 말자꾸나

홀씨

바람이 불면
바람결을 타고 어디론가 날아가고

가랑비 내리면
작은 물길 따라 땅속에 스며드니

양지바른 잔디밭이나 오솔길 길섶이면
어디든 좋으련만

칙칙한 아스팔트의 갈라진 틈새라도
어찌 하겠소

바람 따라 구름 따라
흘러가는 유랑객이 되어

이곳 저곳에 자리잡고
노오란 꽃을 두서너 송이 피워서

삶의 고달픔에 지친 이들에게
희망의 홀씨가 되고 싶소

현자(賢者)와 우자(愚者)[18]

현자(賢者)는 방법을 찾지만,
우자(愚者)는 핑계를 찾고

賢者는 자신을 탓하지만,
愚者는 남을 탓하고

賢者는 과정을 중요시 하지만,
愚者는 결과를 중요시 여기고

賢者는 실패원인을 찾지만,
愚者는 실패환경을 원망하고

賢者는 재기를 노리지만,
愚者는 자포자기에 빠지고

賢者는 사리분별이 명확하지만,
愚者는 상황판단이 흐리고

賢者는 선공후사가 분명하지만,
愚者는 자타구분이 희미하고

賢者는 자신을 믿지만,
愚者는 남을 믿는다

---

18) 현자(賢者)는 어질고 총명한 사람을 말하며, 우자(愚者)는 어리석은 사람을 말한다.

아는 것만큼 보인다

눈에 보이지 않거나
손에 잡히지 않으면
아무것도 없다고 하고

나뭇잎이 흔들리지 않으면
바람이 불지 않는다고
말하듯이

머리 속에 든 것이 없으면
아무것도 볼 수 없고
아무것도 만질 수 없다

눈에 보이는 것만
있다고 말하고
손에 잡히는 것만
실체를 인정한다

눈을 뜨고 깨우쳐라
눈에 안 보여도 볼 수 있고
귀에 안 들려도 들을 수 있다

그러면
아는 것만큼 볼 수 있고
아는 것만큼 만질 수 있고
아는 것만큼 들을 수 있느니라

과거에 매달리지 마라

지나온 과거를
부여잡고 있으면
한 발자국도
앞으로 나아갈 수 없다

어제와 똑같이 살면서
보다 나은 미래를
바라는 것은
지나친 욕심이다

과거를 붙들지 마라
인정사정없이
매몰차게 뿌리쳐라

그래도
말을 듣지 아니하면
두들겨 패서라도
쫓아 버려라

과거에 연연하지 않고
현실에 충실하며
내일을 바라보고 걷는 자가
그 꿈을 이루리라

떨어진 낙엽을 보지 마라

길바닥에 떨어진 낙엽을 보고
슬퍼하지 말고
활짝 핀 꽃을 보고
웃어라

지나온 과거를 되돌아보고
아쉬워 말고
다가올 미래를 내다보고
희망을 가져라

어두운 그림자는
삶을 황폐하게 만들지만
밝은 웃음은
삶을 풍요롭게 만든다

분수를 지켜라

분수에 넘치는 행운은
불행을 감내할 수 있는
능력을 확인하기 위한
리트머스 시험지이며

아무런 까닭 없이
얻게 된 불로소득은
돈의 소중함을 시험하기 위한
마약과 같은 것이니

이는
하늘이 인간의 마음을
떠보기 위해
던져 놓은 먹이감이거나
인간이 쳐놓은
덫일 수 있으랴

넘치는 행운이나
예상 밖의 수확을 얻게 되면
분수에 맞는 것인지를
먼저 판단하고 행동할지어다

자신을 사랑하라

당신은 공장에서 자동화 기계로 마구 찍어 낸
일회용 싸구려 제품이 아니다

겉모양도 똑같고 기능도 똑같은
쌍둥이 제품과는 본질적으로 다른 존재이다

이목구비는 십인십색이요 성격과 마음씨는 제각각이며
삶의 방식과 인생 목표도 각양각색이다

우주세계의 유일무이한 존재로서
각자 특별한 재능을 부여 받고 이 땅에 왔소이다

존귀한 생명을 가진 만물의 영장으로서
어찌 자신을 업신여기고 타박한단 말이오

먼저 당신이 자신에게 따뜻한 손을 내밀고
진정으로 사랑할 때 남들도 당신을 사랑할 것이오

자신을 사랑하고 아끼는 길만이
행복한 삶의 관문으로 들어가는 첫걸음임을 잊지 말지어다

시간은 생명이다

시간은 흐르는 강물과도 같다. 젊은 날에 꿈을 쫓아 헤매다 보면 어느새 머리카락은 희끗희끗하게 변하고 몸은 스스로 가누기조차 힘들 정도로 쇠잔해진다. 그제서야 후회한들 무슨 소용이 있으랴.

시간은 멈추지도 않고 되돌릴 수도 없다. 그렇다고 붙들어 매거나 둑을 쌓아서 가로막을 수도 없다. 장마철의 홍수처럼 넘치지도 않고 오뉴월의 가뭄처럼 마르지도 않고 그저 말없이 도도하게 흐른다.

그래서 시간을 어떻게 보내느냐에 따라 각자가 느끼는 시간의 무게감은 달라질 수 있다. 루시우스 세네카[19]는 사람들이 시간을 어떻게 생각하고 있는지에 대해 잘 말해주고 있다. "인간은 항상 시간이 모자란다고 불평을 하면서 마치 시간이 무한정 있는 것처럼 행동한다"라고 했다. 그렇다. 사람들은 자신에게 주어진 시간이 천 년이나 만 년이 되는 것처럼 느긋하다.

인간이 태어나서 100년을 넘기기가 쉽지 않다. 불로초를 찾으며 천수를 누리고 싶어 했던 진시황제도 백수를 넘기지 못했다. 의술이 아무리 발전한들 생명을 연장하는 것은 한계가 있을 수밖에 없다. 꺼져가는 생명을 붙들고 애걸복걸을 하여도 일백만 시간을 넘길 수가 없지 않는가? 시간은 사시사철 비가 오나 눈이 오나 쉬지 않고 정속주행으로 달린다. 누구를 위해서 기다려 주거나 멈추지도 않는다. 그저 자기가 가야 할 길만을 고집하며 묵묵히 앞만 보고 달리고 또 달린다.

---

19) 후기 스토아 철학을 대표하는 로마 제정시대 철학자이자 극작가이며 정치가다. 네로(Nero) 황제의 스승으로 그를 암살하려는 음모가 발각되어 네로에게 자살을 명령받은 일로 유명하다.

시간은 옹기그릇에 차곡차곡 담아서 저장을 할 수도 없다. 남에게 빌려 쓸 수도 없다. 계급장 같은 것을 따지지도 않고 누구에게나 공평하게 주어진다. 불평불만을 털어놓는다고 덤으로 더 주지도 않는다. 누구에게나 하루 24시간만 주어진다.

그래서 시간은 소중한 생명과도 같은 것이다. 늘그막에 밟고 지나온 발자국을 한 뜸 한 뜸 되돌아 봤을 때 후회 없이 살았노라고 말 할 수 있는 '나만의 시간'으로 만들기를 바라면서…

시간이 없어서

19세기~20세기 최고의 발명가이자 미국 명예의 전당에 헌정되어 있는 토마스 에디슨(1847년~1931년)은 변명 중에 가장 어리석고 못난 변명이 '시간이 없어서'라고 말하는 것이라 했다.

우리들은 살아가면서 어떠한 변명을 많이 하는가? 너 나 할 것 없이 '시간이 없어서' 아니면 '돈이 없어서'라고 말하는 게 아닌가 싶다. 남의 탓이나 환경의 탓으로 책임을 전가시키는 경우가 많다. 걸핏하면 시간이 없어서 못하고, 그게 아니면 돈 때문에 할 수 없다는 핑계를 들이댄다.

물론 시간도 없고 돈도 없어서 하고 싶은 걸 못할 때도 있다. 하지만 대부분은 시간이나 돈이 없어서 못한다는 것은 핑계일 뿐이다. 문제는 시간이나 돈이 아니고 게으름이요 무관심이요 무성의가 아닐까요?

핑계 없는 무덤이 없듯이 변명을 늘어놓기 시작하면 장미빛 인생은 공동묘지에 가서 찾을 일이다.

시도하지 않기에 어려운 것이다

어려움이 있기에 시도하지 못함이 아니라
시도하지 않기에 어렵게 보이는 것이니라

하고자 하는 의지만 확고하면 무엇이 두려우랴
할 수 없다는 나약함이 나락의 늪으로 몰아넣지

흘러가는 강물에 인생의 배를 띄워 보내지 말고
세월의 시계 바늘 추를 붙들고 당당하게 맞서라

핑계는 게으름을 낳아 자포자기의 거적때기로 덧씌우고
도전은 강한 의욕이 솟구쳐 매사를 순리대로 풀어 가리라

턱걸이에 목숨 걸면…

어떤 일을 행함에 있어 그 일을 처리하는 하는 방법은 여러 가지가 있을 수 있겠으나 크게 두 가지 유형으로 나누어 볼 수 있다. 이는 공부를 하는 학생들에게도 같은 논리가 적용된다.

첫째는 주어진 일에 최선을 다하는 것이다. 어떤 일이든지 간에 주어진 시간 내에 최대의 효과를 거두고자 최선의 노력을 경주하는 유형이다. 그리고 그 결과는 진인사대천명(盡人事待天命)의 심정으로 하늘에 맡기는 것이다. 지극 정성으로 최선을 다하면 하늘이 감동하듯이 지성감천(至誠感天)의 결과를 얻을 것은 뻔하다.

또 다른 방법은 대충 일을 처리하는 유형이다. 시간만 때우면서 적당히 설렁설렁 일을 처리하는 것이다. 이와 같은 일의 처리방법에는 대충대충, 얼렁뚱땅, 적당히, 보신주의, 기회주의, 눈치보기 등의 부정적인 수식어가 따라 다닌다.

위의 두 가지 유형을 놓고 봤을 때 전자가 후자보다 결과가 좋을 것이라는 것은 삼척동자도 다 아는 사실이다. 그러나 많은 사람들이 후자보다 전자를 더 선호할까요? 그리고 매사에 목숨을 걸 정도로 최선(最善)을 다할까요?

그렇지 않다. 꼴찌만 면하고 적당히 묻어가면 되지 않겠냐는 생각을 한다는 것이다. 죽으라고 고생한들 누가 알아주느냐는 식이다. 설사 최선(最善)을 다하는 사람이 주변에 있기라도 하면 삼삼오오 모여서 웅성거리거나 빈정거리며 왕따를 시키는 게 우리의 자화상이기도 하다.

왜 이런 일이 일어날까? 이는 우리의 민족성과 궤를 같이 한다고 볼 수 있다. 우리 속담에 '사촌이 논을 사면 배가 아프다'라는 말이 있다. 가까운 사람일수록 잘 되기를 바라는 것이 아니라 자신보다 못나고, 못 살고, 못되기를 바라는 나쁜 심보가 가슴 속에 자리 잡고 있기 때문일 것이다.

그러다 보니 우리사회는 존경받는 부자가 없고, 국민의 신망을 받는 진정한 정치인도 없다. 대통령이나 국회의원이란 자리가 시정잡배들의 입에서 쌍소리로 흘러나오는 것은 다반사고, 직장인들의 퇴근길 술좌석 안주가 된지도 오래된 일이다. 부자들은 국민들로부터 도둑으로 낙인이 찍혀 죄인 취급을 받고 있는 게 현실이다. 국민들로부터 존경과 신망을 한 몸에 받을 수 있는 참다운 나라의 큰 어른이 있었으면 좋으련만…

어떻게 해서 우리사회가 이 지경까지 이르렀을까? 산업화의 물결을 타고 자본주의 사회가 고착화되면서 남들보다 하나를 더 가져야 되겠다는 인간의 본능에서 비롯된 건 아닐까? 그것도 아니면 지형학적으로 오랜 기간 동안 외세의 침략을 많이 받은 탓은 아닐까? 끊임없이 외부 세력에 의해 노략질을 당하다보니 믿을 것은 나 자신이요, 내 피붙이밖에 없다는 마음이 앞선 게 아닌가하는 생각을 해본다.

내 자식이 남의 자식보다 하나라도 더 가져야 마음이 편하고, 조금이라도 더 공부를 시켜야 마음이 놓이는 세상이다. 유치원생이나 초중고 학생들이 학원 다니는 걸 보면 알 수 있다. 학생이 필요해서 다닌다기보다 남의 집 애들이 다니니까 부모가 불안해서 이곳 저곳 학원에 보내는 건 아닐까? 내 자식이 남의 자식보다 잘 돼야 한다는 지나친 욕심 때문에 우리 애들의 동심은 멍들고 있는지도 모른다.

우리는 말의 어두에 '나'라는 표현보다는 '우리'라는 표현을 많이 쓴다. 우리 집, 우리 엄마, 우리 학교, 우리나라 등이다. 즉, 말 속에는 모두가 같이 어울려 사는 집단공동체 의식이 강하게 배어있다. 그러나 국민의 행동의식은 그러하지 않다. 철저하게 개인주의다. 말과 행동이 서로 다른 이율배반적인 모습을 보이고 있다. 영어는 어떤가? 우리와 다르다. 우리(We)와 나(I)를 확실히 구분하여 사용하고 있으며 합리적이고 이성적인 판단을 한다.

'모난 돌이 정을 맞는다'는 말이 있듯이 남보다 뛰어나거나 잘난 체하면 집단 따돌림의 대상이 되기가 일쑤다. 그러다 보니 좋은 게 좋은 거라고 우리 모두가 두루뭉술하게 바닷가 '몽돌'이 되어가고 있는 집단최면에 걸려 있는 건 아닌지 한번쯤 자신을 되돌아 볼 필요가 있다고 본다.

이러한 행동의식은 공부를 하는 학생들에게도 마찬가지다. 자신을 위해서 공부하기보다는 공부하라는 어른들의 잔소리가 듣기 싫어 마지못해 공부를 하는 형국이다. 부모를 위해서, 아니면 선생님이나 학교를 위해서 공부를 하는 꼴이 된다. 그러니 목숨을 걸고 최선을 다 할리가 없다. 당락을 결정짓는 입시시험이나 입사 또는 공무원 시험의 경우에 합격 최저 기준점을 미리 설정해 놓고 이 점수만 넘기자는 식의 공부를 하게 된다. 죽으라고 하면 친구들의 놀림감이 될뿐 아니라 그냥 놔두지도 않는다. 그랬을 때 그 결과는 불을 보듯 뻔하다. 백전백패일 것이다.

진인사대천명(盡人事待天命)이 아닌 턱걸이에 목숨을 건 인생은 무조건 실패할 수밖에 없다. 매사에 혼(魂)을 불어넣어 최선(最善)을 다하시오. '남'을 위한 것이 아니라 '나' 자신을 위한 일이라 생각하고… 그리고 상대를 인정해주고 박수를 쳐줄 수 있는 관용(寬容)과 배려심을 키우시길~^^

안경

사람은
누구나 마음의 색안경을 끼고
제 나름의 삶을 엮어 나가고 있다

마음의 하얀 도화지 위에
어떤 색깔의 덧칠을 하느냐에 따라
세상이 달리 보일 것이다

마음에다
빨간색의 덧칠을 하면
빨간 안경을 쓴 세상이 펼쳐질 것이고

마음에다
파란색의 덧칠을 하면
파란 안경을 쓴 세상이 펼쳐질 것이며

마음에다
노란색의 덧칠을 하면
노란 안경을 쓴 세상이 펼쳐질 것이다

세상이 변하고
주변이 변한 게 아니라
마음 위에 덧씌운 안경의 색깔이
세상을 달리 보이게 할 뿐이네

때로는 빨갛게
때로는 노랗게
때로는 파랗게
시시각각 울긋불긋한 세상이 변화무쌍하게 펼쳐질 것이며

때로는 밝은 미소로
때로는 찌푸린 우거지상으로
때로는 슬픈 얼굴의 모습으로
마음 속에 비추어질 것이다

세상이
변했다고 탓하지 마라
마음의 색안경을
수시로 바꾸어 끼고
있지는 않는지 되돌아보라

말을 조심하라

말을
조심하라

말은
지우개로 지울 수도 없고
다시 주워 담을 수도 없다

말은
행동을 결정짓는
씨앗이요

말은
인품을 가늠하는
잣대이며

말은
그릇을 결정짓는
결정체이니

말을 조심해서
품격 높은 삶을
살아 갈지어다

고맙습니다

고맙습니다는
말 한마디가
마음의 평안을 안겨주며

감사하다는
말 한마디가
풍요로움을 싹트게 하고

사랑한다는
말 한마디가
사랑의 열매를 맺게 하며

좋아한다는
말 한마디가
굳게 닫힌 마음을 열게 하고

예쁘다라는
말 한마디가
절세가인 황진이를 부러워 않고

잘 했어요라는
말 한마디가
용기와 자신감을 심어주며

미안하다는
말 한마디가
서운함과 미움을 녹이고

죄송하다는
말 한마디가
모든 허물을 용서케 하며

행복하라는
말 한마디에
부귀영화 바라지 아니하며

건강하라는
말 한마디에
백수(白壽)를 누릴거라 굳게 믿으니

말은
천냥 빚을 갚기 위해
천리 길도 마다않고 날아가려나

존재감

조직은 구성원 모두가
두 개의 톱니바퀴가 맞물려 돌아가듯
하나의 유기체처럼 손발이 맞아야 하지만

그렇지 못하고 삐거덕거리거나
내부 파열음에 의해 배가 산으로 올라가는
형국을 맞는 경우도 비일비재하니

특정인 한 사람에 의해 조직의 분위기를
일순간에 바꿀 수 있는 힘을 가진 사람이 있다면
금상첨화이니라

코트디부아르의 드록바[20]는 현란한 개인기로
일본선수들을 주눅 들게 하고
팀의 승리에 일조(一助)를 하였으며

독일의 클로제[21]는 가나전에서
월드컵 최다골 주인공의 대위업을 달성하며
팀을 패배의 늪에서 구했으니

---

20) 디디에 드로그바(Didier Yves Drogba Tebily)가 본명이며 2014년 브라질 월드컵에서 일본전을 2:1 승리로 이끈 코트디부아르의 축구 영웅이다.
21) 독일 출신의 프로축구선수이며 2014년 브라질 월드컵에서 2골을 넣어 기존에 월드컵 최다 골이었던 호나우두(15골)를 제치고 16호 골을 터뜨려 월드컵 사상 역대 최다 골의 주인공이 되었다. 개최국인 브라질과의 준결승전에서 16호 골을 터뜨렸다.

한반도의 정치판 분위기를
한 순간에 반전시킬 수 있는
드록바나 클로제가 나타나서 휘젓고 갔으면 좋으련만

암울한 터널 속은 끝이 보이지 아니하니
언제쯤 어드메[22]서 서광(瑞光)의 빛이
스며들지 답답하기 그지없네

22) 어디를 구어적으로 표현하는 북한의 사투리이다.

이기는 자가 강하다

게임에서
강한 자가
이기는 것이 아니라
이기는 자가
강한 것이다

힘만 믿고
거들먹거리면 쪽박이요
부족함을 채우려
노력하면 대박이라

나를 알고
적을 알면
백번 싸워도
위태롭지 아니함은
만고불변의 진리이니라

산에 올라야

산은 꼭대기에 올라서야
그 높음의 눈을 뜰 수 있고

물은 잠수를 해야
그 깊음의 신비를 알 수 있으며

음식은 정성으로 먹어야
그 맛의 오묘함을 느낄 수 있으며

바람은 가슴으로 쐬어야
그 시원함의 고마움을 알 수 있으며

향기는 마음으로 맡아야
그 향긋함의 진수를 느낄 수 있듯이

사랑은 눈빛으로 나누어야
그 정이 오고 갈 수 있으며

지혜는 삶의 무게를 통해
그 슬기로움이 묻어날 수 있듯이

사물은 차가운 머리로 바라봐야
그 현명함이 나타나리라

줄탁동시(啐啄同時)

병아리가
알에서 깨어 나오기 위해서는
어미 닭이
밖에서 알을 쪼아서 깨뜨려 주듯이

세상만사 모든 일은
홀로 설 수 없거니
서로 돕고 의지하며
살아가는 것이 제 맛이니라

제 잘났다 뻐기지 말고
힘없고 약한 자를 위해
두루뭉술 몽돌 같이
살아가면 어떠하리

자만심(自慢心)은 실패이다

영원한 승자도 영원한 패자도 없는
승부의 세계는 얼음보다 냉혹하네

월드컵[23]의 터줏대감 브라질은
안방에서 자만심에 힘없이 와르르 무너졌고

전차군단 독일은 다양한 전술 변화로
아마존의 자존심을 눈물바다로 만들었으니

자만심에 도취하여 자기계발을 게을리하면
나락의 깊은 수렁이 기다리고 있음을 알게 됐고

끊임없는 변화를 도모하여 자기혁신을 이루면
정상이 눈앞에 있음을 배울 수 있게 하였네

변화와 혁신은 정상을 안전하게 오를 수 있는
양손에 움켜쥔 등산스틱과 같으니라

---

23) 2014년 월드컵은 6월 12일부터 7월 13일까지 브라질에서 열린 20번째 FIFA 월드컵이다. 독일이 아르헨티나를 연장전에서 1:0으로 꺾고 통산 4번째 우승을 차지하였다.

성공과 실패는 있는가?

실패한 사람은
시간이 부족하다고 불평을 늘어놓지만

성공한 사람은
주어진 시간을 효율적으로 이용하며

실패한 사람은
부모의 뒷받침이 없다고 원망하지만

성공한 사람은
부모의 은혜에 보답코자 끊임없이 노력하며

실패한 사람은
주변의 도움이 부족하다고 탓하지만

성공한 사람은
주변의 도움에 감사함을 잊지 아니하며

실패한 사람은
쉽게 포기하여 완주를 해본 경험이 적지만

성공한 사람은
쉽게 포기하지 않고 끝까지 완주하기를 즐기며

실패한 사람은
실패를 성공으로 바꿀 수 있는 의지력이 부족하지만

성공한 사람은
실패를 성공을 만들기 위한 밑거름으로 삼으며

실패한 사람은
걸핏하면 조상을 들먹이며 신세타령을 하지만

성공한 사람은
실패의 원인을 자신에게서 찾으려고 노력하며

실패한 사람의 눈에는
칠흑 같이 어두운 암흑의 세상으로 비치지만

성공한 사람의 눈에는
꽃이 피고 지는 아름다운 세상으로 비치며

실패와 성공의 뿌리는
자신의 의지와 노력이란 같은 바탕에서 자라고 있으니

실패의 쓴 열매이든 성공의 달콤한 열매이든
그 열매는 자신의 마음에 달려 있느니라^.^

포기 뒤에 성공이 숨어 있다

포기가 사라진 뒷골목 길모퉁이에는
성공이란 씨앗이
숨어서 자라고 있다

한 발자국만 내디디면
성공의 텃밭을 훤히 볼 수 있을 텐데
왜 포기를 하려 하는가

포기할 때와 포기하지 말아야 할 때를
잘 분간할 수 있는
혜안(慧眼)이 필요하다

모죽(毛竹)[24]은
5년이란 기나 긴 세월을 기다렸기에
하늘 높이 솟아오를 수 있지 않은가

기다리고 참아라
포기는 실패를 자인(自認)하는 것이다
기회는 반드시 찾아온다

---

24) 한국과 중국, 일본 등에서 자라는 대나무로 심은 지 5년까지는 아무리 물을 주고 정성을 들여도 죽순이 거의 자라지 않는다고 한다. 그러나 5년이 지나면 거짓말 같이 하루에 70~80cm씩 자라기 시작해 최고 30m까지 자라는 키 큰 대나무이다. 모죽은 지구상에서 가장 웅장한 자태와 화려한 위용을 과시하는 유일한 식물이다.

잡초

씨잘 데 없는 곳에 뿌리를 내렸다며
이넘 저넘에게 짓밟히고

시(時)도 때도 없이 꽃을 피우고 열매를 맺는다며
목숨을 송두리째 앗아 가기도 하지만

케케한 냄새가 진동하는 시궁창인들
생명만 부지할 수 있으면 족(足)하고

명경알 같이 잘 가꾼 논밭이 아니라
오솔길 길섶이면 어떠하며

갈라진 틈새를 비집고 새싹을 키우는
딱딱한 시멘트 바닥이면 어떠하리오

억압받지 않고 마음 편히
뿌리를 내릴 수 있는 곳이
곧 무릉도원이려니

허튼 수작 부리지 않고
자연의 순리에 순응하며
감사함을 먹고 편히 살아가리라

유리 천장(glass ceiling)

눈에 보이지 않는
유리천장이
앞길을 가로 막고 있네

구석 구석에
유리천장이
이중 삼중으로 억누르고 있다

일찌감치
완장(腕章)을 찬 이는
행여 뺏길세라 안절부절 못하고

호시탐탐
빈틈을 엿보는 이들의 눈매는
안쓰럽기 그지 없네

본디 내 것이 아닌데
내 것인양 울타리를 치기에
하루 해가 모자라는 듯하구나

최고의 금(金)

금(金) 중에서
최고의 금(金)은 무엇일까?

누구나 갖고 싶어 하는
황금 덩어리일까?

아들 딸 돌 반지의
순금반지일까?

젊은 연인끼리 주고받는
청혼반지용 백금일까?

최고의 금(金)은
황금도 순금도 백금도 아니다

그렇다면 무엇이란 말인가?
현금일까? 그것도 아니다

최고의 금(金)은
바로 이 순간인 '지금(只今)'이다

지금(只今)이 행복하면
평생을 행복하게 살 수 있고

지금(只今)에 만족하면
만사형통이어라^^

물음이 달라야 답이 다르다

동일한 사안이라 하더라도
물음에 따라 답변이 다를 수 있을진대

질문의 프레임을 어느 관점에
뿌리를 내리고 있는지가 중요하리라

긍정적 관점에 초점을 두고
질문을 던졌는지

부정적 관점에 초점을 두고
질문을 던졌는지

질문의 프레임에 의해
답변에 대한 사물을 달리 그리기 때문이니라

기도 중에 담배를 피울 수 있느냐고 물으면
흡연이 프레임이 되어

신성한 기도를 하면서
어찌 담배를 피우겠냐는 답변을 얻을 것이요

담배를 피우는 중에 기도를 할 수 있느냐고 물으면
기도가 프레임이니

기도는 때와 장소를 가리지 않고
어디서나 할 수 있다는 답변을 얻을 것이니

내 가슴속에 자라고 있는
프레임의 색깔이 무슨 색을 띠고 있는지

프레임의 색상이 흐리면 진하게
어두우면 밝게 바꾸어 보라

사물을 관조하고 음미하는 시야가
달리 펼쳐질 수 있으리라

설레발

무슨 일이 있는가?

뭐가 그리 바쁘다고 헐레벌떡
부산을 떨며 설레발을 친다요

누구에게 쫓기기라도 하듯이
가쁜 숨을 몰아쉬지 마세요

세상사 모든 일에는 순서가 있고
공(公)과 사(私)는 앞뒤가 있는 것처럼

보리는 추운 엄동설한을 꿋꿋이 이겨내고
오뉴월에 이삭을 맺고

벼는 찬이슬을 맞아야
알알이 고개를 숙이고 황금들녘을 선물하듯

천지만물도 때와 장소를 가려
꽃을 피우고 열매를 맺게 되나니

다람쥐 쳇바퀴 인생의 인간사인들
어찌 先後와 時空이 없겠는가

설레발을 치며 동네방네 떠들어 봤자

태산명동서일필(泰山鳴動鼠一匹)이 아니겠나

천지개벽이 일어난 듯 호들갑을 떨지 말고
기본과 원칙에 충실하며

앞만 쳐다보고
내 갈 길을 뚜벅뚜벅 걸어가는 뚜벅이가 되게나

영원함은 없는가?

이 세상에
절대로움도 영원함도 없다고 하지만

절대로움과 영원함을 찾아나서는 게
인간이 아니던가

브라질 월드컵에서 스페인이
디펜딩 챔피언으로 당당히 나섰지만

예선도 통과하지 못하는 참담한 수모를 당하고
보따리를 싸야 했으니

냉혹한 승부세계의 현실 앞에서
풀이 죽은 모습이 초라하기 그지없고

철저한 준비가 없는 허황된 계획은
사상누각에 불과하며

몸과 마음이 따라 주지 않는 실행은
공염불에 지나지 아니하니

계획에 의한 준비와
준비된 실행만이
영원에 가까워질 수 있으리

드록바 효과

특정인 한 사람이 공동체의 운명을
좌지우지할 정도의 힘을 가졌을까

결론부터 말하면 그럴 수도 있고
그렇지 않은 결과를 얻을 수도 있겠지

브라질 월드컵에서 코트디부아르의
디디에 드록바는 하늘을 찌를 듯하다

일본과의 예선전 후반에 투입된 그는
신(神)이 강림한 듯 일순간에 분위기를 바꿨고

코트를 종횡무진하며 휘젓는 발재간은
경기장의 조율사로서 빈틈이 없었고

드록바라는 존재감만으로도
상대를 긴장시키는 무형의 공격효과까지 지녔으며

비록 골을 넣지 않았더라도
상대를 위협하는 요인으로서 한 점의 손색도 없었으니

그를 두고 어찌 코트디부아르의
정신적 지주라 부르지 아니할 것이며

상대를 주눅 들게 하고 자국의 기(氣)를 살리며
게임에 이겼으니 '드록바 효과'[25]가 분명하리

이 땅에 드록바가 강림하사
어지러운 난세를 잠재우고
서로를 보듬어 주고 따뜻이 껴안아 줄 수 있는
상생하는 나라가 되게 하여 주소서

---

25) 2014년 브라질 월드컵 C조 예선전 일본과 코트디부아르 경기에서 후반전에 투입된 코트디부아르의 디디에 드록바는 뛰어난 경기운영 능력으로 '드록신'이란 애칭까지 얻고 있으며, 그로 인해 경기흐름이나 결과가 변화되는 현상을 두고 '드록바 효과'라고 부른다.

새벽은 두 번 오지 않는다

지평선 끄트머리에서
솟아오르는 먼동의 새벽은
두 번 찾아오지 않는다

피 끓는 청춘의 젊음도
세월의 배를 타고 떠나면
언제 다시 돌아오리오

도도히 흐르는 강물을
거꾸로 되돌릴 수 없듯이
청춘은 되돌아오지 않으리

인생은 과거도 미래도 아닌 현재다

인생은
과거도 아니고
미래도 아닌
현재일 뿐이다

지나 온 과거를
부여잡고
아쉬워한들
어떠하리오

다가오는
미래에 대해
근심걱정도
하지 말지어다

현재는
과거를 담은
거울이요
미래를 밝히는
등불이니라

되돌리기 버튼이 없는 인생

인생에는
되돌리기 버튼이나
도돌이표가
왜 없을까

후회 없는 삶을
다시 살아보겠다고
밤낮으로 호들갑을 떨거나

지난날의 아련한 추억들을
끄집어 내어
책장 넘기듯 할 것이니

허튼 수작 부리지 말고
남은 인생일랑
착실하게 살라는 건가요

과거는 과거일 뿐이고
현재에 충실하며
미래의 꿈을 먹고 사는 게
인생이 아니란 말인가

덧없는 인생

구름처럼 흘러가는
덧없는 인생을 노래하면
끄트머리가 보이질 않고

강물처럼 흐르는
세월을 붙잡자니
손가락 사이로 빠져 버리니

각자 제 갈 길을 걷고 있는
무심한 인생을 두고
어찌 한탄만 하고 있으랴

한 순간 구름처럼 일었다가
연기처럼 홀연히 흩어지는 게
우리의 인생이거늘

그리움도 갖지 말고
아쉬움도 두지 말며
홀로 오고 가는 인생을
즐기면서 살으리오

인생은 바람

인생은
처녀 가슴에 사랑의 씨앗을 싹트게
라일락 향기를 실어 보내는 꽃바람이기도 하고

인생은
길손의 이마에 송글송글 맺힌
땀방울을 씻어주는 산들바람이기도 하고

인생은
곱게 물든 오색단풍 잎을 가을비 몰아
대지 위에 흩날리게 하는 소슬바람이기도 하고

인생은
거센 눈보라를 일으키며 살을 에는 듯한 추위가
바지 속으로 스며들게 하는 고추바람이기도 하다

人生은 未生인가

인생은 한치 앞도
내다볼 수 없으며
어디로 흘러갈지도
모르는 未生[26]인가

어떤 이는
자신이 未生임을
한탄하며 땅을 치고
대성통곡을 울부짖지만

또 다른 이는
자신의 삶이
完生인 줄 알고
희희낙락하며 살기도 하지요

팍팍한 현실 속에서
未生처럼 따뜻한
情을 주고받으며
서로 의지하고 살다 보면

다람쥐 쳇바퀴의
돌고 도는 인생 속에서도
나날이 새로움이

---

26) 미생(未生)은 바둑에서 집이나 대마가 아직 완전하게 살아 있지 않거나 그러한 상태를 말한다.

돌고 또 돌아나지요

이 길이 아니면
세상이 무너질 줄 알지만
完生으로 가는 길은
무수히 많고 많답니다

끝까지 포기하지 않고
버텨서 이겨내면
完生으로 가는 길은
눈앞에 훤히 보일 것이니

살을 에는 듯한
동장군이 날뛰고
이글거리는 폭염이
괴롭힌다고 하더라도

꿋꿋함을 잃지 않고
한 치의 망설임 없이
앞만 보고 걸어가면
完生의 門은 열리리라

인생은 새벽 이슬인가?

인생은
파아란 풀잎 위에
살포시 내려 앉은
새벽 이슬이런가

어둠이 깔린
삼경의 고요함을 머금고
보석방울처럼 맺혔다가

동녘 하늘을 밝히는
햇님에게 눈인사 나눈 뒤에
말없이 사라지지 않는가

옴도 모르리요
감도 모르리니
인생은 영롱한 이슬이리라

인생은 떨어지는 꽃잎인가?

천년만년 살 것처럼 아등바등 해보지만
백수를 누리기가 쉽지 않은 게
우리의 인생이라네

분을 찍어 바르고 화사하게 꾸며본들
흘러가는 세월 앞에는
그대도 떨어지고 나 또한 늙어가네

천만금짜리 화장품으로 연지곤지 찍어봤자
젊음보다 더 나은 화장품이
이 세상에 또 있으련만

제아무리 이쁜 꽃도 십여 일을 넘기기 힘들듯이
젊은 이팔청춘도
번개처럼 휙! 하고 사라지네

에고에고 서러운지고!
흘러간 내 청춘을 어찌할꼬
땅을 치고 통곡한들 돌아올리 만무하랴

인생은 끄나풀인가?

인생은
끄나풀에 묶여서
생명을 부지하는 걸까

탯줄의 끈을
꽉 부여잡고
이승에 태어났으며

인연의 끈으로
인간관계를 맺어
삶을 이어가다

목숨 줄의 끈이
일순간 끊어지면
생을 마감하니

인생은
끄나풀에 전부를
거는 게 아니런가

순간(瞬間)이 만드는 인생길

작은 도랑물이 한 방울 두 방울 모여서
시냇물이 되고 큰 강물을 이루듯이

순간 순간의 업(業)이 쌓이고 쌓여서
하나의 아름다운 인생길을 만들어 가리라

한 순간은 긴 여정의 인생길을 두고 보면
별로 대수롭지 않은 찰나에 불과할지 모르지만

순간이 가볍다 하여 티끌처럼 가벼이 여기면
눈앞에 펼쳐지는 인생길은 결코 순탄치 않으리라

때로는 자갈돌이 뒹굴고 뽀얀 먼지가 자욱이 이는
모래밭 길이 되어서 발걸음을 붙잡을 수 있고

흙탕물이 튕겨 바지가랭이가 젖거나
진흙뻘에 빠져 헤어나지 못하며 허우적거릴 수도 있으려니

순간이 짧다고 업신여기지 말고
한 점의 먼지가 태산을 이루듯
매 순간 최선을 다하며 살으리

인생 길은 죽음 길

하루 하루의 삶은 죽음의 목적지까지
힘찬 질주를 하는 야생마와 같다

엄마의 자궁을 떠난 외로운 인생길은
무덤 속을 향해 쉬지 않고 내달리며

무심하게 흘러가는 정처 없는 세월 속에
인생의 출발선은 아련히 멀어져 가고

달갑지도 않은 종착지는 밀물이 되어
눈앞으로 서서히 밀려오고 있는 듯 하네

건전지를 뽑아서 인생의 시계바늘을
동아줄로 꽁꽁 묶어 둘 수도 없으니

째깍 째깍 돌아가는 인생의 시계바늘 소리에
콩알만한 새가슴은 콩닥콩닥 방망이질이라

죽음으로 내달리는 사지(死地)의 인생길이 아닌
영원불멸 인생길은 어디에도 없단 말인가

인생은 왕복차표가 아니다

바람결에 홀연히 일었다가
연기처럼 사라지는
한 조각 구름 같은 인생

본디부터 실체가 없었으니
어디서 왔다가 어디로 가는지
누가 알 수 있겠느냐 마는

한번 왔다가 풀잎의 이슬처럼 소멸하는 인생에게
왕복차표 달라고 애걸복걸하지 말라

이래도 팔십냥 짜리 편도인생이요
저래도 팔십냥 짜리 편도인생이니

가는 인생 아쉬워 말고 남은 인생 최선 다해
기쁨 가득 행복 가득 희희낙락 살아 봄세

인생은 정답이 없다

인생은
정답지가 뜯겨져 나간
7천원 짜리 수학 문제집과 같다

짧은 머리로
밤새도록 풀고 또 풀어 봐도
그때마다 답이 다르게 나온다

왜 그럴까?
뭐 때문에 답이 다르게 나올까?
그게 정답이다
수학은 인생이기 때문이다

정답이 없는 인생에서
정답을 찾겠다고 나서는 사람은
바보 중에 천치바보다

굳이 정답이라고 한다면
지금 현재 각자가 살고 있는 현실이
바로 인생의 정답이다

인생은 현재에 최선을 다하며
미래를 먹고 사는 것이다

지나온 과거는
앞으로 다가올 미래를 위한 밑거름일 뿐이다

인생은 파도를 가르는 배와 같다

인생은 우렁찬 뱃고동을 울리며
항구를 갓 떠난 배와 같은 존재이다

인생은 집채 크기만 한 거센 파도를
부수고 넘어야 하는 배와 같은 존재이다

나침반(羅針盤)을 길잡이로 삼아
망망대해를 끝없이 항해(航海)해야 하지 않는가

파도는 희망봉을 찾아 나선
배를 붙들고 숱한 싸움을 걸어오고

폭풍우는 한 치 앞을 가늠할 수 없을 정도로
암울한 어두움을 드리우지만

넘어지고 엎어지더라도 오뚝이처럼 일어나서
다시 나아가야 하는 게 인생이 아니런가

인생은 장난이 아니다

인생은 실험의 대상이 아니다.
시행착오를 겪으면서 세월아 네월아 흥청망청 노래를 불러가며
시간만 땜질하고 지낼 수 있는 게 아니다.

인생은 시계바늘과 같다.
먼 훗날에 살아온 발자국을 되밟고 돌아갈 수가 없다.
시계바늘은 앞으로만 돌아가기 때문이다.

하얀 눈 위를 거닐은 발자국은 지나온 흔적을 남기지만
시계바늘은 아무런 발자취도 남기지 않고 돌고 돈다.

인생은 연극이다.
대본을 충실히 준비하고 무대 위에서 열정을 쏟아내면
관객은 감동을 하여 우레와 같은 박수를 보낸다.

맡은 직분이나 앉은 자리에 상관없이
'현재의 나'에게 열(熱)과 성(誠)을 다할 때
인생은 아름다운 꽃을 피우게 되어 그 열매 또한 충실하리라 믿는다.

인생길은 편도 1차선이다

인생은 되돌아 올 수 없는 편도 1차선을 달리는 자동차와 같다. 핸들을 되돌려서 힘차게 달려온 바퀴 자국들을 지울 수도 없다. 한쪽 방향으로만 달릴 수밖에 없는 외길인생이기 때문이다. 불법 u-turn은 절대로 안 된다.

만약에 불법 u-turn이 허용된다면 인간에게 축복으로 다가올까요? 그렇지 않다. 이는 돌이킬 수 없는 큰 재앙으로 되돌아 올 것이다. 너도 나도 핸들을 되돌릴 것이기 때문이다. 그리고 상습 음주운전자들은 단속경찰관에게 걸릴까봐 시(時)도 때도 없이 불법 u-turn을 해댈 것이기 때문이죠… ㅎㅎㅎ

또 합법적으로 u-turn을 허용해 줄 경우에는 교통체증현상이 극심하게 발생할 것이다. 선택적으로 u-turn 승인을 용인해 준다면 이것 또한 문제다. 조물주의 바짓가랑이를 붙들고 유행가를 불러대는 사람이 한 둘이겠는가? "내 인생을 돌려다오"를 외치며 애걸복걸하고 난리법석을 떨 것이다.

그 결과는 불을 보듯 뻔하다. 조물주의 집 앞은 난장판으로 변할 것이다. 목숨이 다해서 분초를 다투고 있는 자들은 1분이라도 먼저 u-turn을 하기 위한 승인장을 받고자 서로 치고 받으며 북새통을 이룰 것이고, 새치기와 싸움질도 서슴치 않을 것이다. 오만원권 지폐다발이 박스채로 오고가는 검은 뒷거래도 이루어질 것이다. 그야말로 탈법과 불법이 난무하고 육두문자가 오고가는 아비규환이 될지도 모른다. 그렇게 되면 힘 있고 빽 있고 방귀깨나 뀌는 자들은 천년만년을 살게 될 것이냐, 힘 없고 돈 없고 빽 없는 자들은 주어진 외길 목숨을 운명으로 담대하게 받아들이는 수밖에 어떤 방도도 없지 않겠는가?

조물주가 우리 인간에게 '편도 1차선의 외길인생'이란 한 장의 티켓만을 준 게 천만다행인지 모른다. 있는 놈이나 없는 놈이나 똑같이 편도 1차선의 인생길에 들어서면 앞만 보고 달려야 하기 때문이다. 얼마나 공정하고 페어한 게임인가? 그러나 대한민국의 사회 현실은 그렇지 않다. 유전무죄 무전유죄의 사회가 판을 치며 있는 자들의 사회로 고착화된 지 오래된 일이다.

남의 집 딸을 청부살인하고도 병보석이란 미명아래 버젓이 대학병원 특실을 드나드는 회장사모님이 있는가 하며, 수백억 원의 탈세 및 공금횡령을 하고도 일당 5억 원으로 벌금을 면하고자 했던 회장님, 기업을 부도내고 근로자들을 길거리로 내몬 뒤에 수 조 원을 해외로 빼돌려서 지금 이 시간까지 호의호식하고 있는 악덕회장님들이 즐비하다. 편법증여, 사전증여, 탈세, 부당거래, 불법지분이전, 계열사 간 위법거래, 비자금조성 등으로 형사입건되어 감옥에 가면 기다렸다는 듯이 하나같이 마스크 쓰고 휠체어에 몸을 의지한 채 TV에 얼굴을 내미는 뻔뻔스러운 왕회장님들이다.

이게 대한민국의 현주소이자 가진 자들의 단면이다. 이런 회장님들 뒤에는 이들의 돈 냄새를 맡고 한 푼이라도 빨아먹기 위해 빌붙어 사는 기생충 같은 인간들이 있다. 소위 말하는 **사 붙은 자들이 이들을 비호하고 있다고 해도 과언이 아니다. 게다가 범털 같은 회장들은 국가경제를 살려야 된다는 명분으로 정치권이나 최고의 권력을 가진 사람의 결정에 의해 집행유예 등으로 다 풀려나는 일이 아닌가 싶기도 하고요… 어쨌든 이러한 일은 입에 풀칠만 하고 사는 대다수의 일반 백성들에게는 먼 달나라의 이야기로만 들린다. 정말 안타깝고 통탄할 일이다.

이들과 같이 가진 자들의 인생에 불법 u-turn이나 왕복티켓을 준다고 생각해보라. 돈이나 권력으로 무슨 짓이든지 못하겠는가? 자신의 목숨을 천년이고 만년이고 부지할 수만 있다면 힘 없는 사람들의 티켓을 뺏기 위해 온갖 불법과 탈법을 자행할 것이다. 그래서 편도 인생이 더 의미 있고 값진 것인지 모른다. 누구에게나 차별 없이 공평무사하기 때문이다. 있는 사람에게도 한 장, 없는 사람에게도 한 장의 티켓만 주었기에 얼마나 좋은가? 그리고 남의 티켓을 빼앗아 자신의 목숨을 연장할 수도 없기에 없는 자들에게는 얼마나 다행스러운 일인지 모른다.

그러나 누구에게나 공평하게 왕복 2차선의 인생길이 주어진다면 이건 좋은 일이 아닐까 싶다. 종착지까지 힘차게 달려갔다가 마음에 안 들거나 아쉬운 점이 한 점이라도 남아 있다면 핸들을 돌려 되돌아오면 되니까. 아니면 중간쯤 달리다가 길을 잘못 들어섰다 싶으면 u-turn이라도 하면 되니까 말이다.

그런데 인생은 장난도 아니고 연습도 아니다. 설사 인생을 장난으로 살았던 연습으로 살았던 그게 큰 문제는 아니다. 살아온 과거는 하얀 도화지 위에 한 점 한 점을 또박또박 찍어 놓은 것과 같을 뿐이다. 그 흔적은 이 세상의 어떤 지우개로도 지울 수 없이 선명하게 그려져 있을 것이다.

인생길은 편도 1차선의 외길이다. 지나온 발자국은 그 무엇으로도 지울 수 없다. 한 점의 발자국이라도 '의미 있는 흔적'으로 남겨지기를 바라면서 오늘 하루도 후회 없는 시간이 되기를 바라마지 않는다. 한번 왔다가 가는 인생을 '당당하고, 신명나고, 멋지게 살되, 이기기보다는 져주면서 사는 삶(당신멋져)'을 인생그림으로 그려가기를 바랄 뿐이다.♡♡♡

끄나풀

현대 사회를 한마디로 말할 때 '네트워크 사회'라 부른다. 네트워크란 어떤 개체와 개체 사이가 '끈'으로 연결되어 의미 있는 관계를 맺고 있다는 뜻이다. 좋은 의미의 '끈'이 있지만 그렇지 않은 비리의 움막 역할을 하는 '끈'이 있기도 하다. 전자(前者)는 사람과의 관계를 활성화시키는 윤활유가 되지만 후자(後者)는 사회를 부정과 부조리의 늪으로 몰아넣는 지렛대가 되기도 하지요…

직장인들이 흔히 하는 말로 출세를 하려면 동아줄과 같은 '끈'을 잡아야 된다고 한다. 능력으로 자신의 앞길을 개척하기보다는 능력 있는 누군가의 힘을 등에 업고 직장생활을 편안하게 하겠다는 못된 심보가 깔려있다. 이러한 출세지상주의 문화는 건전한 사회를 갉아먹는 암 덩어리와 같은 존재이다. '남이 하면 불륜이고 내가 하면 로맨스'라고 하는 것처럼 누구나 기회가 되면 '끈'을 잡으려고 혈안들이다. 능력보다는 '끈'을 더 소중히 여기는 문화가 만연되어 있는 게 사실임에 틀림없다. 이는 사회의 병폐이며 선진국으로 가는 길목을 가로막는 걸림돌이다.

대부분의 조직구조가 군대식의 피라미드 형태를 지니고 있는 데서도 그 원인을 일부 찾을 수 있다. 절대권한이 상층부에 집중되어있다 보니 일은 뒷전이고 윗사람의 눈치만 살피게 된다. 권한이 집중되어 있는 만큼 그에 걸맞는 책임과 의무도 뒤따라야 하는데 권한은 있고 책임은 지지 않는 우스꽝스러운 구조가 사회 곳곳에서 숨어 있는 게 작금의 현실이다. 최근 몇 년 사이에 일어난 크고 작은 사건사고의 수습과정을 들여다 봐도 그렇다.

능력을 키워서 선의의 경쟁을 하기보다는 상대를 먼저 밟고 일어서야 살아남을 수 있다는 위기의식이 잠재되어 있는 느낌마저 든다. 이는 우리나라의 역사와 궤를 같이 한다고 볼 수 있다. 조금 숨이라도 쉬고 살라치면 외세의 침략을 받아 재산을 뺏기는 것은 다반사고 가솔들의 목숨까지 앗아갔으니 수단과 방법을 가리지 않고 완장을 차는 길만이 가족의 목숨과 재산을 지킬 수 있다고 생각했을 것이다.

중국 당(唐)나라에서는 관리를 등용하는 기준으로 신언서판(身言書判)을 그 잣대로 활용하였다. 신(身)은 사람의 풍채와 용모를 뜻하며, 언(言)은 말솜씨를 이르며, 서(書)는 글씨를 말하며, 판(判)은 명석한 판단력을 이르는 말이다. 이러한 신언서판을 현대적 관점에서 '끈'과 연계하여 풀이해 보면 좋을 것 같다. 보기 좋은 떡이 먹기 좋듯이 세련되고 자신감 있는 행동으로 '미끈한 용모(身)'를 보일 것이며, 자신의 생각을 조리 있고 논리적으로 전개하여 상대를 설득할 수 있는 '매끈한 말솜씨(言)'가 필요하고, 뛰어난 문장력과 표현력을 갖춘 '깔끔한 글솜씨(書)'가 요구되며, 사물의 이치를 명석하고 합리적으로 분별할 수 있는 '화끈한 판단력(判)'을 가져야 된다고 본다.

따라서 미끈한 풍채로 매끈한 말솜씨와 깔끔한 글 솜씨를 지니고 화끈한 판단력만 갖추면 이게 바로 천하 제일의 "끈"이 아닐까요! 신언서판만이 동아줄이니 밧줄이니 하는 줄 대기 문화의 허튼 꼼수를 뿌리째 싹둑 잘라 버릴 수 있는 마패와 같은 것이다.

여정(旅程)

인생은
죽음이란 종착지를 향해서
머나 먼 길을 떠난 나그네인가

출발선을 떠난
마라톤선수 마냥
쉬지 않고
종착지를 향해서 내달린다

경주마
달리기선수
열차는
빨리 달리면 달릴수록
모두가 열광한다

하지만
인생의 여정도
이들처럼 쏜살같이
빨리 내달리면 좋을까요

피곤하면
나무그늘 아래서
낮잠도 자고
쉬엄쉬엄 갈 수 있다면
얼마나 좋을꼬

어디로 가야 하나

정처 없이
흘러가는 인생길이여
어디로 가야 하나요

구름 따라
가야 하는 건가
바람 부는 대로
가야 하는 건지

시냇물처럼 물길 따라
다투지 않고 순리대로
흐르면 되는 건지

한 걸음 두 걸음
뚜벅뚜벅 걷다보면
어느새 막다른 골목에 이르려니

시계바늘을
되돌릴 수 없거니와
멈추게 할 수도 없는기라

인생시계는
오늘도 멈추지 않고
하염없이 돌고 돌며
어디론가 내달린다

영원을 꿈꾸는 사람

난공불락이란
상대가 쉽게 공격하기 어려울 뿐만 아니라
함부로 함락되지 않는 군사적 요충지를 두고 이르는 말이지만

영원불멸을 꿈꾸며
불로초를 찾아 나섰던 진시황제도
지금으로 치면 겨우 평균수명의 절반을 채우고 숨을 거두었고

프로배구에서 난공불락으로 군림하며
8연패를 노리던 삼성화재가
신생팀 OK저축은행에게 힘 한번 못쓰고 주저앉고 말았다[27]

꽃이 피면 지듯이
영원한 승자도 영원한 패자도 없음이
불멸의 진리이니 난공불락이 어디 있고 영원함이 어디에 있으랴

오르막이 있으면 내리막이 있고
생(生)하면 멸(滅)하기 마련인 법이니
천년만년 살 것처럼 아옹다옹하지 않고 오손도손 살고 지며

바람 불고 물결치는 대로
이리 저리 부대끼고 자연의 섭리에 순응하여
한 조각 구름처럼 유유자적하는 마음으로 살으리랏다

---

27) NH농협 14-15 V리그 챔피언결정전에서 8연패의 대위업을 달성하려던 삼성화재를 침몰시키고 OK저축은행이 창단 2년 만에 우승의 감격을 안았다.

시련은 삶의 밑거름

시련은 당장 힘이 들어
비틀거리며 쓰러질 듯
크나 큰 아픔을 안겨 주지만

먼 훗날에는 그 시련 때문에
오늘의 나를 있게 해준 밑거름이
되었으리라고 힘주어 말하리

시련이 닥친 순간에는
한낱 고통으로 치부하며
하늘을 올려다 보고
세상을 원망도 해보지만

시간이 흐르고 흘러
지나온 나날을 하나 둘
더듬어 보면 시련이 준
참 의미를 깨닫게 되지요

시련아!
너를 품에 와락 껴안고
기꺼이 반기지는 않겠지만
그렇다고 푸념만
늘어놓지도 않으리라

失手效果(pratfall effect)

인간에게
완전무결함을 바라는 것은
인간이기를 포기하라는 뜻과 같다

인간이면 누구에게나
실수는 피할 수 없는
불가피한 현실이자 숙명이며

인간이기에 실수를 할 수 있고
그 실수를 통해
많은 것을 배우게 되지요

실수를 인정하고
그것을 고쳐 나가는 과정에서
인간적인 호감을 갖게 되며

실수가 없는 사람은
인간이라기 보다
인간미를 느낄 수 없는 목석과 같지요

인간들은 완벽한 사람보다는
약간의 빈틈을 지닌 사람을
더 좋아한다죠

실수나 허점이
오히려 인간으로서의 매력을
더 증진시키기 때문이랍니다

멋진 사람이 빈틈을 보이면
더 멋있어 보이는 현상을
실수효과라 했다지요

완벽한 사람은
다른 사람들에게 열등감을 느끼게 하여
시기심을 갖게 만들며

그러한 사람을 만나면
자신의 결점이 노출될까봐
마음의 문을 굳게 닫는다죠

허점을 보이는 사람은
비집고 들어갈 틈을
열어주기에 진솔함을 느끼게 되며

캐시 애론슨[28]은
이러한 사람이
빈틈없는 사람들보다 훨씬 매력적이라 했지요

---

28) 『황금사과』의 저자로서 자기개혁을 주창하는 혁신가로 유명하며, 벌레 먹은 과일을 통해 황금사과로 만드는 9가지 자기혁신법칙을 소개하였다.

노력은 배신하지 않는다

우리 속담에 "콩 심은데 콩 나고, 팥 심은데 팥 난다"라는 말이 있다. 그렇다. 콩을 심었는데 팥이 나올리가 만무하고, 팥을 심었는데 콩이 나올리가 없다.

세상의 모든 일들은 서로 인과관계가 있기 마련이다. 밑도 끝도 없이 어느 날 갑자기 해괴망측한 일이 일어날 수 있을까? 소위 말하는 기적 같은 거 말이다.

따지고 보면 '기적'이라고 하는 이러한 일들도 발생 원인이 있다. 그런데 우리는 마치 하늘에서 툭! 하고 떨어진 것처럼 생각한다.

그러니 우리들의 삶도 인과관계에 엮여서 만들어진다. 당사자가 얼마나 다듬고 가꾸느냐에 따라 '삶에서 묻어나는 맛'이 서로 다르다. 노력을 많이 하면 단맛이 날 수도 있지만, 그렇지 않으면 신맛, 쓴맛, 매운맛, 떫은맛, 짠맛이 날 수도 있다.

평소에 열심히 운동을 하고 건강관리를 잘 하면 싱싱하고 신선한 맛이 날 것이고, 날이면 날마다 술에 찌들어 고주망태가 되어 있으면 썩어 문드러진 악취가 진동할 것이다. 또 몸과 마음을 정갈히 하고 잘 가꾸면 상큼하고 맛깔스러운 맛이 날 것이다.

그러면 어떻게 해야 진정으로 아름답고 행복한 삶을 살았다고 할 수 있겠는가? 틈틈이 얼굴에 분칠도 하고, 거름도 주고, 잡초도 뽑아주어야 하지 않겠는가? 세상에 공짜라는 것은 없다. 사람은 배신을 할지라도, 노력은 절대 배신을 하지 않는다. 뿌린 대로 거두고, 뿌린 것만큼 얻으리라…

조상을 탓하지 마라

어버이는
자식의 德을
자랑하지 말 것이고

자식은
어버이의 허물을
말하지 말 것이니라

지나친 자식 자랑은
그의 앞길을 막는
팔불출의 으뜸이요

자신의 처지를
부모의 탓으로 돌리는 건
불효의 극치이니

비록
부모의 허물이 있을지언정
원망하지 말 것이니라

입술로 말하지 마라

입술로 말하지 말고
영혼을 담아 말하라

두 귀로 듣지 말고
가슴을 열고 들어라

입술로 말을 하면
혼이 빠진 죽은 말과
다를 바가 없고

귀로 들으면
지저귀는 새소리를
듣는 것과 같으니라

실수를 인정하라

실수는
문제가 아니나
실수를 인정하지
않는 건 문제이다

실수를 통해
아무것도 배우지
못하는 것은
더 큰 문제이다

누구나
실수를 할 수 있고
엎어지고 넘어지고
깨질 수 있다

실수의 원인은
따뜻한 가슴으로 찾고
그 처방은
차가운 머리로 하여라

파리의 뒤를 쫓지 마라

파리의 뒤를 쫓으면
구린내가 진동하는
케케한 똥냄새만 맡을 것이나

꿀벌의 뒤를 쫓으면
향기로움이 그윽이 흐르는
꽃향기를 맡을 것이로다

소인을 따르면
사사로운 물욕에 눈이 멀어
公私를 구분 못하는 범부로 살 것이나

군자를 따르면
올바른 삶의 방향을 알려주는
나침반을 받아 지닐 수 있을 것이니

어떤 스승을 만나서
무슨 가르침을 받느냐에 따라
인생길의 座標는 달라질 것이니라

가는 세월

세월은 오고 감도 없이
예나 지금이나 도도하게 흐를 뿐인데

세월 속에 갇힌 인간이
한결같은 세월 보고 무심하다 원망하며

신세자루 붙들고
찌든 청춘 돌려 달라 인생무상 노래한들

변함없는 세월이
무슨 재주 지녔다고 흘러간 청춘을 돌려주랴

해 뜨면 해 지고 해 지면 해 떠서
오늘 가고 내일 오고 또 오며

때 오면 때 가고, 때 가면 때 와서
내년이란 이름으로 나타나니

오늘 내일 올해 내년이
어디에 있으메 오고 감을 찾으리오

오고 감은 인간의 굴레이거늘
어디엔들 있으리오까

탐욕(貪)에 의해 망하고
노여움(瞋)에 병을 얻고
어리석음(癡)에 번민(煩悶)하니

세월이 덧없다 하지 말고
삼독심(三毒心)[29] 내려놓고
있고 없음에 목숨 걸지 말지어다

---

29) 불교에서 사람의 착한 마음을 해치는 세 가지 번뇌를 말한다. 즉 욕심(貪), 성냄(瞋), 어리석음(癡) 따위를 독(毒)에 비유하여 이르는 말이다.

만약에

우리 인생에 만약이라는
IF 가정법을 단 한번이라도 쓸 수 있다면
얼마나 무의미할까

꿈도 희망도 노력도 하지 않고
찬스라는 피켓을 사용할 기회만
호시탐탐 노리지 않을까

방탕한 생활에
삶이 나락으로 떨어지더라도
찬스 한방에 인생역전의 로또를 터뜨릴 수 있으니까

발자국

내가 걸어온 인생의 발자국은
어떻게 생겼으며 어떤 흔적을 남기고 있을까

먼지가 뽀얗게 이는 비포장도로 바닥에 찍힌
닳아빠진 검정 고무신의 희미한 발자국일까

폭설이 내리는 하얀 눈 위에 선명하게 찍힌
양반집 도련님의 운동화 발자국일까

울긋불긋한 아웃도어를 입은 산행객들이 밟은 듯
진한 등산화 발자국과 같은 것일까

질퍽한 진흙탕물이 튕기는 연병장에서
선착순 얼차려를 받은 신병들의 군화 발자국일까

내 가슴에 찍힌 발자국은 엄마의 산통을 참아낸
갓 태어난 아기의 또렷한 족적이었으면 좋으련만

하얀 도화지 위에 찍어 놓은 깨끗하고 투명한
발자국이기를 바라면서 매 순간에 최선을 다하리라

미련아 가거라

미련을
빨리 버릴 줄 아는 사람이
성공으로 가는 길을 아는 사람이다

미련한 곰탱이보다는
약삭빠른 여시가 되어
동서남북을 빨리 잡아라

미련은 과거로 가는 퇴행이다
떨쳐 버려야
앞으로 나아갈 수 있다

아쉬워하지 마라
기회는 또다시 온다
앞만 보고 꿋꿋하게 나아가라

대분망천(戴盆望天)[30]

물동이를 머리 위에 이면
하늘을 바라볼 수 없고
하늘을 바라보면
물동이를 일 수 없다

욕심을 버리고
마음의 짐을 내려 놓아라
한꺼번에 두 가지 일을
동시에 병행할 수 없다

일은 순서와 경중이
있게 마련이다
동시다발적으로 벌여 놓으면
이것도 저것도 안 된다

조급증에 사로 잡혀서
허겁지겁하지 말고
계획성 있게 순차적으로
차근차근 진행해 보이소~

서두르지 마라
머지않아 꿈은 실현될 것이오
파도 같은 역경이 밀려오더라도
참아야 하느니라

---

30) 머리에 물동이를 이고 하늘을 바라보려 한다는 뜻으로, 한 번에 두 가지 일을 함께 하기 어려움을 비유적으로 표현한 말이다.

99와 100의 차이

99와 100은 단순한 숫자의 차이가 아니다
존재와 부존재, 가능과 불가능을 논할 정도로 엄청난 차이를 보인다

냄비 속에 든 물이 99°C에는 끓지 않는다
그러나 1°C만 더 높이면 물은 끓게 된다
드디어 음식물은 익게 될 것이고
증기 기관차의 터빈은 돌아가게 될 것이다

마지막 1°C가 가능과 불가능을 넘나드는 가늠자이자
존재와 부존재를 재단하는 척도이다

그 1°C를 위해
당신이 가진 모든 열정(熱情: passion)을 쏟아 부으세요!
그러면 반드시 '가능의 문'이 활짝 열릴 것이오^..^

말은 더디게, 실천은 빠르게

말은 신중을 기해서 내뱉어야 한다
한번 입 밖을 튀쳐나온 말은
절대 되돌아 들어가지 않는다

역마살이 끼었는지 마실 나온 말은
동네방네 헤집고 다니며
이말 저말 전하여 눈덩이처럼 불어난다

삼사일언 삼성오신(三思一言 三省吾身)으로
세 번 생각 후에 한 번 말하고
하루 세 번 자신의 행동을 반성하라

입 밖을 나온 말은 주워 담을 수도
지우개로 지울 수도 없기에
상대방 가슴에 상처주고 후회하지 마라

뱉은 말은 책임을 져야 한다
경거망동(輕擧妄動) 피하고 언행일치(言行一致)되게
올곧게 행동하고 처신하는 모습을 보여라

질그릇

질그릇은
물건의 종류나 모양을 가리지 않고
모두를 받아 들인다

깨끗함과 더러움을 가리지 않고
형체도 없는 액체를 담기도 하고
때로는 딱딱한 물체를 담기도 하고

그 자신은
무엇이던 다 받아들이며
어떤 불평도 하지 않는다

물건을 담는 그릇이 중요한 게 아니라
그 속에 담기는 내용물이 더 중요하기 때문이다

아무리 좋은 고려청자나 이조백자라고 하더라도
오물을 담으면 쓰레기통이 될 것이고

그 속에 어린애기의 똥물을 받아내면
찌든 때가 낀 더러운 똥통이나 요강과 무엇이 다를 것이며

강아지에게 먹이를 담아주는 용도로 사용하게 되면
한낱 개 밥그릇에 불과할 것이고

가정에서 밥이나 국을 담는 용도로 쓰이게 되면
일반 식기나 대접으로 둔갑할 것이지만

질그릇을 만든 장인의 혼을 담아내면
자자손손 대대로 물려 줄
국보급 문화재로 거듭 태어날 것이다

그래서 그릇 속의 내용물이 뭐냐에 따라
문화재가 되기도 하고 똥통이 되기도 하는 것처럼

인간의 가죽 껍데기가 중요한 게 아니라
그 사람이 지닌 인품이 훨씬 더 중요한기라

일자무식꾼이라도 고매한 인품을 지니고
남을 배려할 줄 아는 삶을 살아가면 인격자가 될 것이나

아무리 많이 배우고 학식이 높은 사람도
욕심으로 가득 찼으면
수전노나 구두쇠 욕심쟁이로 치부될 것이므로

오물이나 똥물을 담는 용도로 쓰이는
질그릇과 다를 바가 없을 것이니
인품을 담는 청자와 백자를 만들지어다

굽은 소나무가 선산을 지킨다

반듯하고 올곧게 쭉쭉 뻗은 소나무는
일찌감치 밑동이 잘려진 지 오래이고
활처럼 굽고 뒤틀린 볼품없는 소나무만이
엄동설한에도 선산을 꿋꿋하게 지켜내듯

고관대작이나 그 자녀들은
국방과 납세의무가 남의 나라 일인 듯하고
힘 없고 빽 없는 서민과 그 자녀들만이
나라를 위해 총 들고 세금까지 꼬박꼬박 내야 하는 건지

잘 나고 똑똑한 자식은
제 잘 났다고 도회지나 해외로 도망가고
못 배우고 어리석한 자식만이 부모님의 가업이
천직인양 이어받아 고향을 지키며 효자노릇 하는 세상이니

에고에고 슬픈지고
법은 살아 있으되 정의(正義)는 죽고
돈과 권력 곁을 기웃거리며 눈치만 살피니
무지몽매(無知蒙昧)[31]한 백성의 눈높이와는 거리가 요원(遙遠)한 듯하고

성공하고 출세했다는 자식은
늙고 병들고 무식한 부모는 안중에도 없고
거추장스러운 늙은이로 치부하며
바쁘다는 핑계로 안부전화 한 통 드리는 것도 인색한 세상이네

---

31) 아는 것이 없고 사리에 어두움을 이르는 말이나.

무리에서 벗어나 자신의 길을
당당히 걸어가라

대부분의 사람들은 인생을 순탄하고 평범하게 살기를 원한다. 자신도 그러려니와 자녀에게도 그러한 삶을 살아가기를 강요한다. 그래서 변화를 꺼려하고 현실에 안주하기를 좋아한다.

변화에 대한 미래의 불확실성과 자신감의 결여에서 오는 불안함 때문에 변화하기를 싫어한다. 기업들도 마찬가지다. 경영환경의 변화에 순응하지 못하고 도태되는 경우가 허다하다.

또 적으로부터의 공격에 대한 두려움과 위험 때문에 인간들은 무리를 지어서 살아간다. 위험이 닥치면 공동으로 대응을 하기 위해서 그럴 것이다. 그래서 무리의 틀로부터 멀리 벗어나기를 두려워하는지도 모른다.

누구나 무리의 구성원으로서 살아남기를 바란다. 만에 하나 무리에서 이탈이라도 하면 죽음이라도 당한 듯이 안절부절을 못한다. 매슬로우(Abraham H. Maslow)는 욕구 단계 이론(hierarchy of needs theory)에서 사람이 먹고 사는 '생존의 욕구'가 성취되면 누군가와 유대관계를 강화하고 어딘가에 소속되고 싶은 '안전의 욕구'를 갈망한다는 것이다. 그렇다. 인간은 누구라고 말할 것 없이 어딘가에 귀속되기를 원한다. 그것이 가정이든, 직장이든, 단체이든, 동창회이든 몇 사람으로 구성된 조직이면 자신도 그 부류 속에 끼어들고 싶은 욕망을 갖고 있다.

인간은 사회적 동물이기 때문에 군집생활을 벗어나 외딴섬에서 '나

'홀로의 인생'을 살아갈 수야 없겠지마는 무리라는 큰 틀 속에 갇혀 옴짝달싹도 할 수 없는 상황이 되면 안 된다는 것이다. 그렇게 되면 상황 논리에 의해 개인의 삶이 엮여져 가기 때문이죠…

자신의 철학과 주관이 정립된 인생의 길을 걸어가고 싶지 아니한가? 지금 이 순간 당장 무리에서 벗어나라! 그래야 당당한 삶을 살아 갈 수 있고, 자기가 가고 싶은 길을 걸어 갈 수 있느니라.

틀에 갇히지 않은 삶, 자유로운 삶, 자신이 걷고 싶은 길을 걸어 갈 수 있는 당당한 삶, 철학과 주관이 배어있는 삶을 살아가기를 원하시면 '무리'라는 틀을 고집하지 마시기를…

도전은 성공의 문을 여는 열쇠다

인생에서 가장 무서운 적은 도전을 하지 않고 뒷짐만 지고 있는 것이다. 목표를 향해서 뛰지 아니하면 퇴보와 실패를 거듭한다.

마라톤 선수가 42.195km를 완주하고자 하면 출발선에 서야 한다. 그리고 출발신호를 알리는 총소리와 함께 출발선을 박차고 힘차게 달려 나가야 월계관을 쓸 수 있다.

현실에 안주하는 것은 우선은 편안하고 달콤할지 모른다. 그러나 그 달콤함은 오래 가지 못하고 좌절감을 맛보게 될 것이다.

변화를 거부하고 도전하지 아니하면 시대의 낙오자가 될 것이다. 도전은 성공의 문을 열어 주는 열쇠임을 명심하라!

젊은이들이여! 목표를 세워라. 그리고 도전하라. 성공의 문을 열 수 있는 열쇠가 너에게 주어지리라 믿는다^.^

실패는 새로운 시작이다

실패를
두려워하지 말라

실패는
도전을 위한
과정일 뿐이다

실패가 두려워
아무것도 아니하면
본전치기가 아니라
죽음으로 가는 퇴행길이며

실패는
끝이 아니라
새로운 시작을 알리는
자명종과 같은 것이니라

실패를 두려워 말라

매사에 시행착오가 있기 마련이다. 아무리 철저한 사전조사를 통해 치밀한 계획을 세웠다 하더라도 시행과정에서 전혀 예기치 못했던 사안들로 차질이 생기게 되어 실패를 경험하는 일들이 비일비재하게 일어난다. 이러한 실패가 두려워 처음부터 일을 시작하지 않는다면 농부가 병충해나 자연재해가 발생할 것이 무서워 이른 봄에 논밭에 씨앗을 뿌리지 않는 것과 무엇이 다를 바가 있겠소…

좌절과 분노만이 그대를 기다릴 것이오. 곳간에 남아 있는 곡식을 다 퍼먹고 나면 눈앞에는 죽음이 엄습해 올 것이고 세상을 원망하며 타락의 늪에 빠져들 것은 불을 보듯 뻔하다. 굶어 죽지 않기 위해서는 양상군자가 되어 큰 집을 들락날락하거나 도회지의 지하도 계단에 쪼그리고 앉아서 지나가는 길손들에게 동전 몇 닢을 구걸하는 홈리스족으로 내몰릴 수밖에 없지 않은가?

젊은이들이여! 실패는 나락으로 떨어지는 끝이 아니라 성공으로 가는 첫걸음이요 씨앗이다. 실패를 성공의 어머니라고 했듯이 실패를 거울삼아 새로운 도전을 할 수 있는 자신감을 가져라. 눈물 젖은 빵을 먹어본 사람이야말로 배고픔과 아픔을 알 수 있듯이 실패를 경험한 사람이야말로 성공의 진정한 의미를 알 수 있으며, 실패한 자의 어깨를 어루만져 줄 수 있는 마음의 여유가 생기지 않겠소~~~~

훌훌 털고 일어나라. 그리고 뒤를 되돌아보지 말고 앞만 보고 힘껏 뛰어라. 아무리 뛰고 달려도 앞으로 나아가지 않을지라도 참고 끝까지 뛰어 보라. 어느 순간에 당신이 그리던 목적지에 도달할 수 있으리라 확신한다.

힘들다고 느낄 때

힘들다고 느낄 때
그리 멀지 않은 곳에
내가 해야 할 일이 있다면
쉽게 포기하겠는가

힘들다고 느낄 때
그리 멀지 않은 곳에
정답이 기다리고 있다면
못할 이유가 있겠는가

힘들다고 느낄 때
그리 멀지 않은 곳에
쉼터가 있다면 등짝의 짐을
쉬이 내려 놓겠는가

힘들다고 느끼는
그 순간 그 자리에
답안지가 놓여 있을지 모르니
주변을 두 번 세 번 살피거라

가는 길이
힘들고 어렵더라도
한 걸음 두 걸음 내딛다보면
달콤한 열매가 기다리고 있으리라

어짐을 가까이하라

덕(德)을 베푸는 현자(賢者)는
높은 산봉우리에 쌓인
하얀 눈처럼 멀리서도
밝은 빛을 발하지만

악(惡)을 일삼는
어리석은 자(愚者)는
어두운 밤에 쏜 화살처럼
눈앞에서도 보이지 아니하니

어그러짐을 멀리하고
어짐을 가까이 하면
지혜로움의 밝은 빛이
세상을 아름답게 만들 것이니라

남의 손발을 씻어주라

남의 손발을 씻어주게 되면
내 손발도 백옥처럼 깨끗해지고

남의 귀를 즐겁게 해주면
내 귀에는 고운 소리가 들려오고

남의 눈을 편안하게 해주면
내 눈은 솜사탕처럼 부드러지고

남의 입맛을 돋구어 주면
내 입맛도 먹보 같이 되살아날 것이며

남의 마음을 기쁘게 해주면
내 마음은 깃털처럼 가벼워지고

남의 몸을 안락하게 해주면
내 몸에는 평화로움이 찾아들 것이고

남을 위해 촛불을 밝히면
내 발길이 먼저 훤하게 밝아질 것이며

남을 위해 기도를 하면
내 머리가 샘물처럼 맑아질 것이니

남을 먼저 사랑하라
그러면 내 가슴에 사랑의 불씨가 타오르리다

패자는 과거 속에 산다

패자(敗者)는
과거에 사로잡혀서
과거를 뜯어 먹고
과거를 사랑하며 살아간다

승자(勝者)는
과거를 통해 현재를 배우고
현재로부터 미래를 개척해 나간다

오늘도 내일이면 과거이고
내일도 모레이면
내일 역시 과거로 되돌아 간다

현재에 만족하며 최선을 다함이
오늘의 행복을 키우는
원천이요 씨앗이니라

내일이면 사랑의 꽃을 피우고
행복의 열매를 맺게 되어
성공의 과실을 딸 수 있으나

과거에 얽매이면
실패의 구렁텅이에 빠져서
불행의 곰팡이가 피어날 것이니라

운명은 돌고 돈다

운명은 돌고 도는 것이니 물과 같고 돈과 같다
한 시각도 멈추니 않으니 포기하고 좌절하지 마라
꿈이 있고 뜻이 있으면 문이 열릴 때까지 두드려라

세상은 눈을 깜빡할 사이도 없이 빠르게 변화한다
변화의 흐름에 몸을 싣고 같이 호흡하며 뛰어라
과거는 버리고 미래를 쳐다보고 현실에 최선을 다하라

시련과 고통은 누구에게도 찾아오는 달갑지 않은 손님이다
원망도 낙담도 하지 마라 그들은 때가 되면 떠난다
길게 보고 멀리 내다봐라 희망의 불빛이 보일 것이다

환경을 탓하면 끝이 없으니 현실을 담대하게 받아 들여라
피눈물 나는 노력을 하는 자에게는 하늘도 감동한다
순간의 희열을 추구하기보다는 먼 미래의 꿈을 실현하라

엉덩이 무거운 놈이 성공한다

 에디슨은 1%의 영감과 99%의 노력에 의해 천재가 만들어진다고 하였다. 그에 의하면 천재는 타고나는 게 아니라 후천적으로 스스로 만들어 가는 것이라 할 수 있다.

 실지로 우리 주변에서 에디슨이 말한 사례를 쉽게 접할 수 있을 것이다. 중고등학교에서 날고 긴다는 친구들이 사회에 나와서 맥을 못 추고 비실비실하는 경우가 허다하다.

 머리 좋다고 날뛰던 친구들은 빌빌거리는데 비해 우둔하다 싶을 정도로 책상머리에 앉아서 자기 할 일만 묵묵히 하던 친구들을 보라! 나름대로 자신의 역할을 잘 하고 있는 친구들이 많지 않은가?

 잔머리를 굴리지 않고 한 우물만 끝까지 판 엉덩이 무거운 친구들이 나름대로 성공적인 삶을 살아간다고 할 수 있을 것이다. 많은 사회지도층 인사들을 보면 학교에서의 우등생보다는 실패를 두려워하지 않고 '자신의 길'을 묵묵히 걸어 간 사람들임을 알 수 있다.

 젊은이들이여! 노력 없는 머리는 인생을 망가뜨릴 수 있음을 명심하라. 자신이 가는 길이 옳다고 생각하면 끝장을 볼 수 있는 진득함과 끈기를 보여라. 그러기 위해서는 엉덩이에 강력 본드를 붙인 심정으로 살아가야 하느니라. 노력은 성공으로 가는 첫걸음이다^.^

좋은 경쟁과 나쁜 경쟁

좋은 경쟁이란 '나'하고 경쟁하는 것이다. 주변의 어떤 것도 의식하지 않고 오로지 자기 자신과의 싸움에서 이기는 것이 좋은 경쟁이다.

그러나 나쁜 경쟁은 '남'하고 경쟁하는 것이다. 자신의 역량이나 능력보다는 항상 주변을 의식하고 생각하며 '남'과 경쟁하는 것을 말한다.

인생의 승부는 좋은 경쟁에서 결판이 난다. 나쁜 경쟁과는 아무런 관계가 없다. 그런데 우리는 자기 자신과의 좋은 경쟁보다는 주변의 다른 사람들과 싸우는 나쁜 경쟁에 더 몰입해 있는 건 아닌지요?

주변을 의식하지 않고 자신의 철학과 소신으로 자신의 역량과 능력에 맞는 삶을 살아가는 게 진정한 '좋은 경쟁'이니라^.^

캣츠 아이(Cat's Eye)

　세상의 모든 일은 기획하고 지휘하고 조정하고 관리하는 길잡이가 있게 마련이다. 음지 양지를 가리지 않고 눈에 보이든 보이지 않든 묵묵히 맡은 일에 최선을 다하는 '레오'[32] 같은 사람이 필요하다.

　고속도로에 그어진 흰색 주황색 차선은 무수히 많은 차량들의 소통을 원활하게 해주는 안내자이며, 교차로의 빨강 파랑 주황의 신호등은 교통의 흐름을 조정하고 통제하는 오케스트라의 지휘자와 같다.

　차선과 신호등이 운전자 간 사회적 약속이요 규범이지만 교통흐름을 조정하는 관리자요 지휘자와 같듯이 중앙선이나 외곽선 부근에 스스로 깜박깜박 발광하는 캣츠아이는 야간운전자들에게는 생명의 불빛이니라~

　그대도 이 사회를 밝히는 등불이요 희망이요 소금이요 빛인 캣츠아이가 되리라는 것을 굳게 믿소. 음지를 양지로, 부패와 타락을 깨끗함과 투명함으로, 절망과 포기를 희망과 용기가 넘치는 사회로 바꾸는 선봉자 Cat's Eye가 되리라^^

---

32) 헤르만 헤세의 『동방순례』에 나오는 인물이다. 그는 순례 길을 찾아 나선 사람들을 위해 식사 준비, 낙오자들의 치료, 순례단을 위한 노래 부르기 등 온갖 뒷바라지를 하며 궂은 일을 도맡아 했다. 눈에 띄지 않는 그의 손길 덕분에 순례 길은 순탄하게 진행되었으나 어느 날 갑자기 그가 사라지면서 순례단은 혼란에 빠지게 되고 결국 여행을 포기하게 된다. 비로소 순례객들은 레오가 진정한 리더임을 깨닫게 되며, 이러한 레오의 리더십을 본 따서 조직의 구성원들을 섬기는 리더십을 '서번트 리더십(Servant Leadership)'이라고 한다.

四棄(버려야 할 4가지 버릇들)

사람이 살아가면서 쓰레기통에 당장 던져 버려야 할 4가지의 좋지 않은 버릇인 사기(四棄)들을 누구나 가지고 있다. 이러한 버릇들은 하루라도 빨리 버리는 게 좋다. 종량제 쓰레기봉투에 쑤셔 넣어 짓밟아 버리든지, 아니면 자물쇠로 꽁꽁 묶어서 옴짝달싹도 못하게 만들어야 한다. 그 좋지 못한 버릇들을 살펴보면 다음과 같다.

첫째는 고정관념(固定觀念: Stereotypes)이다. 어떤 사물을 판단할 때 카테고리, 즉 어떤 범주를 미리 설정해 놓고 판단하고자 하는 사물을 미리 설정한 어느 특정 범주 속에 집어넣어서 의사결정을 내리는 것이다. 즉, 사물이 속할 범주가 결정되면 그 범주가 대체적으로 지니고 있는 속성이 해당 사물에도 똑같은 속성을 가지고 있을 것이라고 믿는 것이다. 우리나라는 지역 색이 뚜렷하다. 어느 지역 출신이냐에 따라 그 지역의 사람들이 가진 공통적 속성이라고 하는 것을 해당 사람에게도 그대로 적용하는 경향이 있다. 외국의 예를 들면 영국 사람은 정직하다, 일본사람은 간사하다, 미국사람은 합리적이다, 우리나라 사람은 부지런하다 등등과 같이 특정 국가의 사람이면 그 나라 출신의 개개인들도 정직하거나, 간사하거나, 합리적이거나, 부지런할 것이라고 판단하여 의사결정을 하는 판단오류를 말한다.

둘째는 선입견(先入見: Preoccupation)이다. 의사결정자인 본인이 직접 보고, 듣고, 만지고, 경험하지도 않은 상황에서 누군가로부터 간접적으로 듣거나 경험한 것을 기초로 하여 아무런 여과 없이 액면 그대로 받아 들여 사물을 판단하는 오류를 말한다. 즉, 어떤 사물에 대한 판단기준이 미리 설정되어 있기 때문에 의사결정에 영향을 미칠 수 있는 결적인 실마리가 새롭게 주어지지 않는다면 당초에 각인되어 있는 그릇된 판단기준으로 사물을 판단하는 오류라고 할 수 있다. 예를 들면 '철수는 거짓말쟁이야'라는 말을 누군가로부터 들었다고 하자. 의사결정자의 머릿속에는 부지불식 중에 '철수는 거짓말쟁이이기 때문에 조심해야 한다'라는 관념이 자리를 잡게 될 수 있을 것이다. 무의식 중에 생긴 이러한 관념은 자신도 모르는 사이에 말과 행동으로 나타날 수 있는 위험성을 내포하고 있다. 의사결정자 스스로 철수와 가까이 사귀는 것을 경계할 뿐만 아니라 다른 사람에게 소개시키거나 영업상 거래를 하는 것도 꺼리게 될 수 있다는 것이다. 그동안 본인은 철수와는 한 번도 만나지 않은 생면부지의 사람임에도 불구하고 간접적으로 접한 조그마한 단초를 근거로 선입견을 가지고 사물을 대할 수 있다는 것이다. 이는 전과자나 이혼자, 정신 병력자들에게 색안경을 끼고 대하는 것과 같다. 과거의 경력이 현재의 인물 평가에 미치는 영향을 '낙인 효과'라고도 한다.

셋째는 아집(我執: Egotism)이다. 의사결정자인 본인의 판단이 올바르고, 합리적이고, 객관적이라고 생각하는 자기집착에 관한 오류이다. 이는 상대방에 대한 배려심 부족에서 나오는 것이다. 상대를 믿지 못하고 모든 의사결정을 주구장창 본인이 직접 또는 본인의 뜻대로 해야만 적성이 풀리는 속성을 가진 사람들에게 많이 나타나는 경향이 있다. 아집은 권력을 움켜 쥔 독재자나 자기가 최고라는 생각을 가진 위선자 또는 이기주의자에게 많이 나타날 수 있다. 이러한 아집에 사로잡힌 사람은 불통의 대명사로 낙인찍히기 쉽다.

넷째는 편견(偏見: Prejudice)이다. 사물을 보는 눈이 편향되어 있다는 말이다. 사물을 입체적이고 다각도로 볼 수 있는 시야를 가지지 못하고, 사물의 한쪽 면만을 볼 수 있는 단편적인 좁은 시야를 가지고 의사결정을 범하는 오류이다. 우리 주변에는 편협된 생각을 가지고 사물을 대하는 사례들을 많이 엿볼 수 있을 것이다. 예를 들면 원뿔을 투시한다고 생각해보면 잘 알 수 있다. 이 원뿔을 앞면이나 옆면에서 쳐다보면 삼각형으로 보일 것이다. 그러나 이를 앞면과 옆면, 윗면에서 각각 보면 삼각형과 가운데 한 점이 찍힌 원으로 보일 것이다. 이를 조합하면 원뿔이라는 것을 쉽게 유추해 볼 수 있다.

이와 같이 사물을 판단함에 있어서 각자 자신이 가진 하나의 잣대로 의사결정의 오류를 범하고 있지는 않은 건지 되돌아 봐야 한다. 마치 자신이 가진 판단의 잣대가 절대적인 지식을 가늠하는 기준인 것처럼 신봉하고 있지는 않는지요? 하나의 잣대만 움켜쥐고 모든 사물에 들이대면 어떤 결과가 나오겠습니까? 그 결과는 볼을 보듯 뻔할 겁니다. 편향된 사고의 틀에서 도출된 의사결정으로 올바른 결과물을 얻기는 힘들 것이다. 줄자, 각도기, 컴퍼스, 칼 등을 다양하게 가지고 도형을 그려야 당초에 마음먹었던 대로 올바른 도형을 그릴 수 있는 것과 같다고 보면 되지 않을까요?

따라서 올바른 의사결정이란 무엇일까요? 이 세상에 최고, 최선의 의사결정은 있을 수도 없고 있지도 않다. 우리는 의사결정을 하는 당시의 시점과 상황에서 가장 합리적이고 가장 객관적이라고 판단할 수 있는 의사결정을 하기 위해 최선을 다할 뿐입니다. 하지만 사기정신(四棄精神)을 가지고 보다 나은 의사결정을 하기 위해서는 'The Best Decision Making'이 아니라 'The Better Reasonable Decision Making'을 하는 마음으로 살아가면 성공적인 삶을 살아 갈 수 있지 않을까요^.^ 매 순간 순간의 올바른 의사결정이 하나 둘 모여서 성공적인 삶을 이어주는 원천이 될 수 있기 때문이죠. ㅎㅎㅎ

자식도 농사다

예로부터 자식을 키우는 일은 농부가 농사를 짓는 일과 같다고 한다. 농부들은 입춘이 다가오면 한 해 농사를 짓기 위해 농기구들을 손질하기 시작하고 지신밟기, 풍어제를 지내는 등 부락민들이 함께 모여서 풍년을 기원하는 제례의식을 올리기도 한다.

대동강 물이 풀리고 겨우내 잠들었던 개구리가 잠에서 깨어난다는 우수·경칩을 전후하여서는 논밭을 갈고 씨앗을 뿌리게 된다. 그러나 씨앗을 뿌리는 파종은 농사의 시작에 불과하다.

뿌린 씨앗이 꽃을 피우고 열매를 맺기까지는 농부의 피와 땀이 들어가야 한다. 농부들은 눈만 뜨면 논밭에 나가서 호미로 김을 매고, 곁가지를 잘라주고, 햇볕과 영양분을 잘 공급받을 수 있도록 주변의 허약한 것들을 솎아 주고, 벌레들이 갉아 먹거나 병충해에 걸리면 농약을 살포하여 이들을 잡아 준다. 그뿐인가? 혹시라도 태풍에 넘어 질세라 지줏대를 세워주고 산짐승이나 산새들이 내려와서 곡식을 뜯어 먹을까봐 허수아비로 하여금 보초를 서게 한다. 또 울타리를 만들고 그물을 치기도 한다. 가뭄이 지속되어 곡식들이 말라 죽을 것 같으면 물을 길어다 뿌리고, 장마가 오면 밭고랑과 논두렁을 손질하여 물 빠짐이 잘 되게 해 준다.

불과 30여년 전만 하더라도 벼농사의 경우에는 김을 세 번씩이나 맸다. 그것도 가장 무더운 삼복더위에 손으로 직접 김매는 작업을 한 것이다. 열개의 손가락에 대나무로 만든 골무 같은 기구를 끼고 엎드려서 김을 매었다고 생각을 해보라. 특히, 말복 무렵의 세 번째 김매기는 여간 힘든 작업이 아니었다. 아마 농사일 중에서 가장 힘든 일이라 해도 결코 지나치지 않을 것이다.

70년대 중반 무렵부터는 서서 김을 맬 수 있는 농기구들이 나오기도 했고, 지금은 농사를 짓는 일이 옛날에 비하면 누워서 떡먹기라고 해도 과언이 아닐 것이다. 각종 농기계들이 개발되어 사람의 손보다 기계에 더 많이 의존한다. 웬만한 농사일은 트랙터와 경운기를 통해서 한다.

농부들은 이른 봄부터 추수가 끝나는 늦가을까지 한시도 마음을 놓고 쉴 틈이 없다. 가뭄, 홍수, 태풍, 우박, 병충해, 이상기온, 냉해 등으로부터 농작물을 보호해야 하기 때문이다. 그래서 농부들은 먼동도 트기 전에 잠자리에서 일어나 어둠이 어둑어둑 찾아드는 초저녁까지 논밭에서 흙과 씨름을 한다. 이렇게 피땀을 흘리며 허리가 부러지도록 농사를 지어도 온 식구가 한 해를 거뜬히 넘기기가 빠듯하다.

자녀들을 가진 학부모님들이여! 자식농사에 농부들이 쏟아 붓는 피와 땀의 10분의 1만큼이라도 정성을 쏟는다고 생각하는지를 묻고 싶다.

초등학생의 자녀에게는 개목걸이 하나씩 채우고 휴대폰을 손에 쥐어 줘서 방과 후 간식이나 짜장 사먹을 천원 짜리 몇 닢 던져주고 내 할 도리 다했다고 생각하지는 않는지요? 그리고 중고등학생 자녀에게는 율곡선생이나 배추잎 한 장 던져주지는 않는지요? 부모들이 집에 없으면 이 애들은 율곡선생과 배추잎을 들고 어디로 가는지 아세요? 엄마의 뜻대로 짜장을 시켜먹고 방에 들어가서 숙제를 하고 있을까요? 착각은 자유지요. 이들이 가는 곳은 단 한곳 PC방으로 고고…

그리고 자식들을 눈 코 뜰 새도 없이 학원에서 학원으로 돌린다. 강철 인간도 아니고 자녀들이 엄마의 의도대로 그걸 다 받아들이고 소화시킬 수 있다고 생각하세요? 애들은 로봇이 아닙니다. 자녀들을 학원으로 내모는 것이 만에 하나라도 자녀를 위한다기보다 부모 자신의 자기만족 또는 심리적 불안에서 오는 안정을 찾기 위한 돌파구가 아닌지 곰곰이 생각해 볼 일이다.

자식농사는 자녀인 학생이 주체이자 객체이어야 한다. 그런데 대부분 가정에서의 자녀교육은 자녀가 주체가 아니다. 객체로만 존재할 뿐이다. 그렇기 때문에 엄마가 마음대로 하는 것이다. 자녀의 선택권은 거의 없다고 봐야 한다. 마치 엄마를 위해서 공부하는 로봇과 같다.

그러니까 학원에 가는 것도 엄마가 애한테 사정을 해야 한다. 엄마가 가라고 보냈기 때문에 시간만 되면 로봇처럼 자동으로 움직일 뿐이다. 엄마에 의해 원격조정 되고 있는 것이나 마찬가지다. 자식은 농사의 주체가 아니라 엄마의 심부름꾼에 불과하다. 이래서는 안 된다. 자식이 주체가 되어야 한다. 본인을 위한 것임을 깨닫게 해야 한다.

자녀를 낳는 것은 농부가 이른 봄에 씨앗을 뿌리는 것과 같다. 꽃을 피우고 열매를 맺도록 하기 위해서는 농부의 피와 땀이 필요하듯이 자식들에게도 엄마·아빠의 정성과 사랑이 필요하다. 자식들이 올바르게 자라서 제대로 된 열매를 맺을 수 있도록 주기적으로 거름도 주고, 비료도 주고, 농약도 뿌려 주고, 곁가지도 잘라 주고, 잡초도 뽑아 주고, 너무 빼곡하고 비리비리한 넘이 있으면 솎아도 주고, 김도 매 주고, 흙도 북돋우어 주어야 한다. 이렇게 할 일이 많은데 우리는 그동안 자식들을 위해서 어떻게 해 왔는가? 돈으로 메꾸고 다그침과 질책으로 내몰지 않았는지요?

만19세까지는 이유여하를 불문하고 자식농사에 관한 이러한 일들을 게을리 해서는 안 된다. 미성년자는 혼자서 단독으로 완전 유효한 법률

행위를 할 수 없기 때문이다. 부모가 법정대리인이 되어 모든 것을 책임지고 법률행위를 하여야 한다.

그런데 지금 이 시간까지도 자식농사를 돈으로 지으려고 하지는 않는지? 아니면 영농법인에 위탁영농을 시키려고 하지는 않는지? 학교는 농사로 치면 멸구와 같은 병충해가 발생했을 때 공동방제작업을 해주는 행정관서와 같은 존재이고, 학원이나 과외는 위탁경작을 해주는 영농법인에 불과한 곳이다. 농사의 주체는 농부가 되어야 한다. 남의 손에 맡긴 농사는 제대로 될 리가 만무하다.

자식농사 역시 마찬가지다. 내 자식의 농사를 내가 직접 짓고 있는지 가슴에 손을 얹고 한번 생각해 보시오. 행정관서나 영농법인에 맡긴 건 아닐까요? 자녀를 이들 기관에 맡겨 놓고 정작 농사를 지어야 할 학부모는 딴 짓을 하고 있지는 않으세요? 아빠는 밤이면 밤마다 친구들이랑 소주병 들고 나팔을 불고 있지는 않는지? 아니면 고스톱이나 포커에 빠져 도끼자루 썩는지도 모르고 있지는 않는지? 그리고 엄마는 공부! 공부! 노래를 부르며 애를 쥐 잡듯이 몰아세우고는 자기는 안방에서 이불을 뒤집어쓰고 바보상자와 놀고 있는 건 아닌지?

자고로 자식농사는 밀모(돈이면 다 된다는 생각을 가지고 돈으로 팍팍 미는 엄마), 뛰모(자식을 위해서라면 모든 것을 온 몸으로 때우는 엄마, 즉 차로 학교에 데려다 주고 학원에 태워주고 데려 오는 등 숨 쉴 틈도 없이 자식을 위해서 뛰는 엄마), 티모(자식들에게 입만 열면 공부하라고 외치고는 정작 자신은 안방에서 TV만 끌어안고 있는 엄마)는 안 된다. 지모(자식을 위해서 뭘 어떻게 하면 도움을 줄 수 있을까를 고민하는 지혜로운 엄마)가 되어야 제대로 된 꽃을 피게 하여 건실한 열매를 맺게 할 수 있다.

위탁영농은 계약기간 동안 계약내용만 이행하면 된다. 그러니 크고 길게 보지 않는다. 눈 가리고 아웅하는 식이다. 잘되면 잘되는 대로, 못되면 못되는 대로 자신들의 품삯만 받아 챙기면 끝이다. 이런 걸 뻔히 알면서 왜 주인이 직접 농사를 안 짓고 영농법인이나 행정관서에만 맡기려고 하는가? 남한테 맡긴 농사가 잘 되리라고 기대하면 그건 도둑이나 다를 바가 없다.

씨앗만 뿌려 놓고 토실토실한 열매가 맺기를 기다리는 농부는 아니겠지요? 농부의 농사는 일년지계(一年之計)이지만 자식농사는 백년대계(百年大計)라고 하지 않았던가? 그만큼 자식농사가 중요함을 의미하는 것이다. 농부는 1년 농사를 망쳤으면 다음 해를 기약할 수 있다. 자식농사는 그렇지 않다. 다시 기약할 수 있는 게 아니다. 그래서 맹자의 어머니는 올바른 자식농사를 짓기 위해 세 번이나 이사를 했다는 '맹모삼천지교(孟母三遷之敎)'라는 말이 생긴 것이다. 우리나라의 신사임당도 마찬가지다. 당대 최고의 유학자요, 경세가요, 정치가요, 철학자요, 사상가인 율곡선생을 키워내지 않았는가? 혹자는 신사임당 같은 어머니를 만나지 않았더라면 율곡 이이 선생도 없었을 것이란 말이 있다.

어버이들이여^^ 자식농사는 씨앗을 뿌린 것으로 끝나지 않음을 명심하라. 꽃이 피고 열매를 맺을 때까지 사랑과 정성을 쏟아 부어야 한다. 사랑과 정성이 없는 농사는 마치 나무 위에서 고기를 구하 듯 실현 불가능한 일을 찾는 연목구어(緣木求魚)와 같은 것이다. 돈으로 짓는 자식농사, 영농법인에 맡긴 위탁영농은 자식농사를 포기한 것이나 마찬가지다.

제3편

내려 놓아라

오유지족(吾唯知足)

6년의 고행 끝에
'나는 오직 만족함을 알뿐이다'라는 깨달은 바를
제자들에게 유언처럼 말씀하신 석가모니 부처

모든 일에 만족할 줄 모르는 사람은
자신이 극락에 있어도 그것을 모르고
부족함에 늘 불평불만을 늘어놓을 것이고

만족할 줄 아는 사람은
냉기가 솟구치는 퀴퀴한 골방에서 잠을 청하더라도
즐거운 마음으로 행복함에 감사할 것이다

크고 많은 것을 찾으면 그 욕망을 채울 수가 없다
작은 것에 만족하고 현실에 만족하라
소욕지족(小慾知足)하는 삶이 향기로우니라

내려 놓아라(放下着)

죽을 때 짊어지고 가져갈 게 아니라면
두 어깻죽지 축 늘어지지 않도록
무거운 짐을 하나 둘 차례대로 내려 놓게나

머리 위에 이고 있는 짐이나 어깨에 짊어진 짐은
바닥에 내려놓으면 그만이거늘 마음의 짐은 어찌하리오

마음속에 자리 잡은 업장은 그 업이 선업이든 악업이든
이승에서 깨끗이 마무리하고 떠나야 하지 않겠소

저승까지 지고 가면 자자손손 만대에 이르기까지
그 업보가 선하면 선한대로 악하면 악한대로 미친다니

내려 놓아라 무겁지도 않니
욕심을 내려 놓아라
과욕은 불안과 초조함을 불러와서 마음의 병을 만들고

미움과 증오심을 내려 놓아라
남을 미워하는 마음은 날이 갈수록 확대 재생산되어
치유할 수 없는 지경에 이를 수 있고

시기하고 질투하는 마음을 내려 놓아라
이는 상대와 경쟁하고자 하는 마음에서부터 생기므로
경쟁심을 버리고 평상심을 잃지 않도록 하여야 하느니라

남을 사랑하고 용서하고 이해하고 베풀고 도우는 짐은
새털처럼 가벼운지라 반가이 맞을 손님이 아니겠소

버려야 이룰 수 있다

그릇은 그 속에 든 물건을 비워야
새로운 것을 다시 채울 수 있고,
씨앗은 자신의 전부를 버려야
새 생명의 싹을 띄울 수 있다.

나무는 꽃의 아름다움을 버려야
열매를 맺을 수 있고,
강물은 강을 버리고 힘차게 내달려야
바다에 이를 수 있다.

인간은 욕심을 버려야
참 나(自我)를 발견할 수 있고,
구도자는 백팔번뇌를 떨쳐 버릴 수 있어야
비로소 깨달음의 세계를 얻을 수 있으리라.

해는 서산으로 기울고 달은 차면 이지러지듯이(日月盈昃)
모든 것은 가득 차면 어떤 것도 더 이상 채울 수 없는 게
자연의 섭리요 진리이듯 마음을 비우고
언제든지 무언가를 채울 수 있는 빈 그릇이 되어라

바람은 소리를 남기지 않는다

아무리 세찬 바람이
성긴 대나무를 흔들어도
그 바람이 지나간 자리에는
한 점의 소리를 남기지 않는다

잔잔한 호수 위에
곱게 드리워진 달 그림자도
휘영청 밝은 달이 서산으로
지고나면 흔적 없이 사라지거늘

해야 할 일을 만나면
마땅히 최선을 다해야 하고
그 일이 끝나면 마음을
비우고 미련 없이 떠나야 하느니라

세월을 어찌 지우랴

지나온 세월의 잔영(殘影)들을
몽당 지우개로
깨끗이 지울 수만 있다면

뇌리 속에 담아 두고
싶지 않은 발자취들은
흔적도 없이 빡빡 지우고

아름다운 추억들만
형광펜으로 덧칠을 해서
오래도록 되새김질을 하고

리셋버튼이라도 눌러서
새로움이란 알곡들로
차곡차곡 쌓아 두고 싶건만

인생의 주인공은
'나' 자신이니
오욕칠정(五慾七情)을 다스리는
사람도 '나' 이니라

기쁨(喜) 성냄(怒)
슬픔(哀) 즐거움(樂)
사랑(愛) 미움(惡) 욕심(欲)은
'나'에게서 비롯되느니라

낮은 곳을 가라

낮은 곳을 가라

높은 곳만 쳐다보고
위로 올라가기만 하면
어찌 하겠다는 건가

하늘 끝까지
올라갈 수도 없거니와
그러한 하늘 끝도 없다

떨어지고 나서 후회 말고
무릎 밑도 살펴보며 살아감이 어떠 하리오

낮은 곳에도 사람 사는 세상이라
그대가 바라는 희노애락(喜怒哀樂)이 있고

하루 세끼 먹고 삶이 크게 다르지 않을진대
그대 눈은 하늘만 쳐다보니

아하! 안타깝고 원통하도다
그대만 쳐다보고 있는 사람이 과연 몇이리오…

낮은 곳을 바라보며 낮은 곳으로 가라
그곳에는 민심이 있다

법은 구름이다

구름이 대지 위에
단비를 뿌려서
곡식을 영글게 하듯

법은 만인에게 골고루
혜택이 돌아가야
나라가 바로 서며

정의를 잃고
가진 자를 위한 지킴이로
전락(轉落)한다면

유전무죄
무전유죄의 원성이
고을마다 자자(藉藉)할 것이니

만물의 새싹을 띠우는
따사로운 봄비가
대명천지에 흩어지고

치우침 없는
추상(秋霜)같은 위엄을 지님이
곧 평등이니라

변호인[33]

돈도 없고 빽도 없고
가방 끈도 짧은 그가
가진 것이라고는 나이트 삐끼 명함이 전부였다

갑#도 씹고 만@이도 씹고
준¿도 씹고 용※이도 씹었지만
결코 좌절하지 않았다

썩어 문드러진 권력 앞에
결코 비굴하지 않았고
불의와 타협하지 않고 당당하게 맞서 싸웠다

모두가 계란으로 바위치기라고 비웃었지만
바위는 죽었고 계란은 살아 있으며
계란이 그 바위를 넘을 거라고 외쳤다

못사는 국민은 법의 보호도 못 받고
민주주의도 못 누리는 게
대한민국인가 라고 반문도 했다

---

33) 2013년 12월 18일 개봉한 대한민국의 영화로 제16대 대통령 노무현이 변호사 시절에 맡았던 '부림 사건'을 배경으로 한 작품이다. 웹툰 작가로 활동하던 양우석 감독의 첫 작품이며, 2014년에 열린 제35회 청룡영화상 시상식에서 최우수작품상을 수상하였다. 제5공화국 초기였던 1981년 9월 부산 지역에서 사회과학 독서모임을 하던 학생, 교사, 회사원 등 22명이 영장 없이 체포돼 물고문 등 살인적인 고문을 당하며 공산주의자라는 낙인을 받았던 '부림 사건'을 바탕으로 만들어진 영화다. 주인공 송우석의 모델이 고 노무현 전 대통령이라는 점에서 개봉 전부터 화제가 되기도 하였지만 관객 수가 1,000만 명을 돌파하는 등 반향을 일으켰다.

낮은 곳을 좋아하고
남이 가기 싫고 남이 하기 싫어하는 곳을
더 좋아하고 그곳을 찾아 나섰다

자신을 치켜세우지도 않았고
자신을 높이려고도 하지 않았으며
항상 이웃집 아저씨와 같이 우리 곁에 있으려고 했다

왕이라기 보다는 서민이기를 좋아했고
정치인이라기 보다는 자연인이기를
더 좋아하고 자랑했다

군림하고 지배하기보다는
힘 없고 빽 없는 사람들의 편에 서서
그들의 친구가 되고 싶어했다

대한민국의 주권은 국민에게 있고
모든 권력은 국민으로부터 나오기에
국가는 곧 국민이라고 외쳤다

세치 혀끝으로 탄핵이라는 아픔을 겪었지만
눈에 보이지 않는 손을 등에 업은 권좌는
독야청청을 누리며 꺾일 줄을 모르네

상처

칼에 베인 상처는
요오드 용액으로
치유할 수 있지만

말에 긁힌 상처는
어떠한 처방도
백약이 무효이고

손가락에 찔린 가시는
바늘로 뺄 수 있지만

가슴에 박힌 못은
뻰찌로도 뽑을 수 없으니

가슴에 대못 질을 하는 말은
입에 담지 않는 것이 묘약이니라

최고의 재능

남아공 최초의 흑인 대통령이자 인권운동가였던 넬슨 만델라는 '아무런 대가도 바라지 않고 시간과 힘을 쏟아 남을 돕는 것만큼 큰 재능은 없을 것이다'라고 역설하였다.

말은 쉽다. 그러나 현실은 그렇지 않다. 우리사회를 되돌아보면 따뜻한 훈기가 묻어나는 곳도 많다. 정부나 지자체로부터 도움을 받아가면서 근근이 살아가는 어르신들께서 파지 몇 장 주워서 내다 판 돈으로 자신들 보다 못한 이웃을 돕기 위해 몇 백원에서 몇 천원을 기부하는 경우도 있다.

그러나 우리나라는 기부문화에 인색하다. 얼마 전 모 단체에서 죽은 후의 사후기부에 대한 서약을 받은 일이 있었다. 기부자 명단에 이름 석자를 들먹이면 누구나 다 알 수 있는 내놓으라고 하는 사람들은 단 한명도 없었다고 한다. 대부분이 기초생활수급자이거나 이에 준하는 생활을 하는 서민들이라는 소식을 접하고 깜짝 놀라지 않을 수 없었다.

자신의 재산이 아깝지 않은 사람은 아무도 없을 것이다. 그 재산 가액이 많든 적든 자신이 모은 재산을 자신의 분신이라고 할 수 있는 자식들에게 물려주고 싶은 심정은 동서고금을 막론하고 인지상정일 것이다. 그런데 허름한 천막을 치고 사는 독거노인이나 기초생활수급자인들 자신들의 피붙이가 없겠는가?

그런데 남을 돕는 일은 넬슨 만델라의 말처럼 금전적인 것뿐만 아니라 자신이 가진 지식이나 기술, 봉사 등 모든 것이 그 대상일 수 있다.

어떤 것이든 도움을 필요로 하는 사람에게 도움을 줄 수 있으면 되는 것이다. 이 모든 것을 재능이라고 했을 때 자신의 재능을 나눌 수 있는 능력을 가졌다는 게 얼마나 행복한 일인가?

나눕시다. 나눔의 대상이 무엇이든 좋아요. 나눔을 베풀면 나눔을 받은 자보다 나눔을 베푼 자가 수십, 수백 배 행복하답니다. 모든 재능은 자신의 재능이라기 보다는 살아 있는 동안 잠시 보관하는 것이라고 표현하는 게 낫지 않을까요.

왕이 되고 싶소^.^

후세 역사학자들로부터 인정받지 못한 광해군이
사백여 년 만에 우리들 앞에
「광해, 왕이 된 남자」[34]로 부활하여 재조명되고 있다

당쟁에 휩쓸려 임해군(臨海君)과 영창대군(永昌大君)을 죽이고
인목대비(仁穆大妃)를 유폐시켜 폭군으로 버림받은
조선의 15대 왕이 아니었던가

그는 역성혁명이 극성을 부리고
왕의 자리를 탐하는 간신배들의 무리 속에서도
15년간이란 세월 동안 왕위를 지켰던 풍운아였다

명나라와 누르하치가 이끄는 후금(淸)[35]의 틈바구니에서
실리외교를 지향했지만 인조반정으로 축출되어
묘호(廟號)[36]조차 받지 못한 비운의 왕

---

34) 2012년 9월에 개봉한 추창민 감독이 만든 영화로 왕위를 둘러싼 권력 다툼과 당쟁으로 혼란이 극에 달한 광해군 8년(1616년) 자신의 목숨을 노리는 자들에 대한 분노와 두려움으로 점점 난폭해져 가던 왕 '광해(1608년 2월-1623년 3월)'는 도승지 '허균'에게 자신을 대신하여 위협에 노출될 대역을 찾을 것을 지시한다. 이에 허균은 기방의 취객들 사이에 걸쭉한 만담으로 인기를 끌던 하선을 발견한다. 왕과 똑같은 외모는 물론 타고난 재주와 말솜씨로 왕의 흉내도 완벽하게 내는 하선에게 광해군이 자리를 비운 하룻밤 동안 왕의 대역을 맡기게 되었다.

35) 여진족(女眞族)의 족장 누르하치가 1616년에 만주(滿洲)에 세운 나라이다. 뒤에 '청(靑)'으로 이름을 바꾸었다.

36) 묘호(廟號)는 황제나 왕이 죽은 뒤 종묘에 신위를 모실 때 붙이는 호(號)를 가리키며, 시호(諡號)는 황제나 왕 또는 사대부들이 죽은 뒤 그의 공덕을 찬양하여 추증하는 호(號)를 가리킨다.

7년간의 임진왜란으로 폐허가 된 나라를
바로 세우기 위해 조세공평으로 대동법을 실시하였으나
지역 부호들과 탐관오리들의 탐욕에 힘을 못 썼네

2012년의 대한민국은 백 마디의 사탕발림 약속보다는
단 한번이라도 백성의 아픈 곳을 어루만져 줄 수 있는
진정한 사랑이 필요하다

백성들은 부자와 가난한 자가 함께 살 수 있는 사회,
가진 자가 못 가진 자에게 배려하고 양보하는
그런 사회를 꿈꾸고 싶어 한다

가진 자가 힘 없고 빽 없는 자에게 빼앗고 착취하는 사회
이웃나라에게 굽실거리고 아양 떨며
굴욕적인 외교를 펴는 그런 나라를 싫어한다

형식이나 명분논리에 빠져서 허우적거리기보다는
백성의 고통을 백 곱절 천 곱절 더 생각하는
그런 왕이 필요한 대한민국이 되길 바란다

백성을 하늘처럼 섬기는 왕, 이웃나라에 당당하게 말할 수 있는 왕
그대가 그런 왕을 진정으로 꿈꾸신다면
기꺼이 그렇게 만들어 드리리다

토강여유(吐剛茹柔)

대부분의 사람들이 갖고 있는 인간의 본 모습을 빗댄 말이 아닌가 생각해 본다. 강한 자에게는 약하고, 약한 자에게는 강하게 대하는 태도를 일컫는 말이다. 상대가 권력(權力)이나 부(富)를 쥐고 있으면 그 앞에서는 쥐 죽은 듯이 꼼짝도 못하는 사람들이 힘 없고, 못 배우고, 가진 것 없는 사람들을 만나면 고기가 물을 만난 듯이 피가 터지도록 지근지근 밟아 버리는 못된 습성을 말하는 것이다.

이는 우리들의 일상생활에서 흔하게 볼 수 있는 모습들이다. 그래서 인간들이 하찮은 미물보다 더 못하다는 생각을 많이 하게 된다. 권력을 움켜 쥔 정권이나 경제력을 꽉 잡고 있는 기업들도 예외는 아니다. 정권 초기와 정권 말기에 정치권과 대기업 간에 벌어지는 추악한 모습들을 보면 더 더욱 그런 생각이 든다.

본연의 자기모습은 온데 간데 없고 주변의 상황논리에 의해 좌지우지 되는 것을 보면 가슴이 답답할 뿐이다. 누구나 본인의 잣대를 가치판단의 기준으로 삼게 마련이다. 이러한 기준도 이해관계에 따라 달라진다. 본인이 설정한 잣대와 비교하여 옳다 그르다, 좋다 싫다, 맞다 틀리다 등의 2분법적 논리로 칼질을 해 댄다. 인간이 환경의 지배를 받는 동물이라서 그런 걸까요? 자신이 들이대는 잣대가 상대의 가슴을 아프게 할 수 있는 아집이나 편견은 없는지? 또 이해득실의 상황에 따라 시시각각으로 달라지는 변덕쟁이의 억지논리는 아닌지? 모든 사람들이 吐剛茹柔[37] 하지 않는 삶을 살았으면 하는 바램이다.

---

37) '딱딱한 것을 뱉고 부드러운 것을 먹는다'는 뜻으로 강한 것은 두려워하고 약한 것은 업신여긴 다는 의미의 사자성어이다. 이는 『시경(詩經)』의 「대아편(大雅篇)」의 '유즉여지 강즉토지(柔則茹之 剛則吐之)'에서 유래하였다.

말

　　명심보감(明心寶鑑)이나 말에 관한 속담을 담고 있는 이담속찬(耳談續纂)[38]과 순오지(旬五志)[39], 동언해(東言解)[40] 등에서는 말의 중요성을 잘 설명해 주고 있다. 말은 사람을 죽일 수도 있고, 살릴 수도 있다. 또 천냥 빚을 갚을 수 있는가 하면 사람들을 이간질시키기도 하고, 말을 내뱉은 자신을 나락으로 떨어지게도 한다. 다음은 명심보감에 나오는 내용이다.

　　利人之言 煖如綿絮 (이인지언 난여면서)하고
　　傷人之語 利如荊棘 (상인지어 이여형극)하야
　　一言半句 重値千金 (일언반구 중치천금)이요
　　一語傷人 痛如刀割 (일어상인 통여도할)이라
　　사람을 이롭게 하는 말은 따뜻하기가 솜과 같고
　　사람을 다치게 하는 말은 날카롭기가 가시와 같으며
　　아무리 짧은 일언반구 말이라도 그 무게가 천금과 같고
　　한 마디 말이 사람을 상하게 하는 것은 칼로 살을 베는 것과 같다.

　　말은 귀도 있고 발도 있고 눈도 있다. 아무리 비밀리에 하는 말이라도 새어 나간다. 무덤까지 가져가기로 맹세를 두 번 세 번 하고 말을 했어도 탄로 나게 마련이다. 이담속찬과 순오지에 나오는 속담을 보면 잘 알

38) 조선 순조 20년(1820년)에 실학자 다산 정약용이 지은 속담집이다. 명나라의 왕동궤(王同軌)가 지은 『이담(耳談)』에 우리의 속언을 보태어 증보한 것으로 중국 속담 178수와 우리말 속담 214수를 실었다. 속언은 모두 8자로 된 한문으로 나타내고 그 밑에 역시 한문으로 뜻을 풀이하였다.
39) 1678년(숙종 4년) 홍만종(洪萬宗)이 지은 잡록으로 책이 보름 만에 완성되었기 때문에 '십오지(十五志)'라고도 한다. 2권 1책이며 필사본으로만 전해지고 있다.
40) 편자 미상의 한문속담집으로 모두 422수로 『공사항용록(公私恒用錄)』 속에 수록되어 있다.

수 있다. 낮 말은 새가 듣고 밤 말은 쥐가 듣는다는 '주어작청 야어서청(晝語雀聽 夜語鼠聽)'이란 구절을 되새겨 볼 필요가 있다. 절대로 비밀은 있을 수 없다. 동언해를 보면 발 없는 말이 천리를 간다는 '무족지언 비우천리(無足之言 飛于千里)'라는 속담이 있다. 발이 없이 어떻게 천리를 갈 수 있겠는가? 발이 있기 때문이다. 또 말은 눈으로 똑똑히 보고 있다. 아무리 숨어서 이야기 하더라도 자기 말을 하면 귀신같이 엿듣고 있다가 불쑥 나타난다. 순오지에서는 호랑이도 제 말을 하면 온다는 '담호호지 담인인지(談虎虎至 談人人至)'의 속담을 소개하고 있다. 눈이 있어서 호시탐탐 노려보고 있다가 나타나지 않고서야 어찌 있을 수 있는 일이겠는가?

말은 말을 하는 사람의 인품을 잘 나타내고 있다. '말 많은 집의 장맛이 쓰다(언감가장불감: 言甘家醬不甘)'라는 속담이 있다. 아무런 실속은 없으면서 겉만 번지르르하게 말을 늘어놓는 사람은 진실성이 없고, 말이 많고 시끄러운 집은 화목하지 못하다. 흥분한 목소리보다 낮은 목소리가 훨씬 위력적이고 호소력이 있는 것과 같다. 허풍만 뻥뻥 치는 사람은 아무짝에도 쓸모가 없다. 말을 하는 사람의 나이나 사회적 지위와는 관계가 없다. 아무리 어린아이의 말이라도 배울 게 있다. 이담속찬에서는 어린아이의 말이라도 받아들일 것이 있으면 귀담아 들어야 한다는 '해아지언 의납이문(孩兒之言 宜納耳門)'이라는 말이 있고 우리 속담에서도 '세 살 먹은 아이의 말도 귀담아 들으라'고 했으며 정성껏 들어주면 돌부처도 돌아본다고 했다.

또 순오지와 동언해에서는 이런 속담이 있다. '오는 말이 고와야 가는 말도 곱다(래어불미 거어하미: 來語不美 去語何美)'. 지극히 당연한 소리이다. 아무리 마음씨 착한 양반이라도 상대의 입에서 욕설이 튀어 나오면 욕설로 응수한다. 말은 상대의 기분을 즐겁게 할 수도 있지만 마음을 상하게 할 수도 있음을 명심해야 할 것이다. 그리고 명심보감의 「언

어편(言語篇)에서는 '사리에 맞지 않는 말은 아니함만 못하다고 했다 (언부중리 불여불언(言不中理 不如不言)'. 도리에 맞지 않는 말을 하면 화(禍)를 면할 수 없으니 항상 사리에 맞게 신중하게 말을 해야 함을 강조하고 있다. 우리의 속담에서도 '입은 삐뚤어져도 말은 바로 하라'고 한 것과 맥을 같이 하는 것이다.

말은 사람의 입으로 전해질수록 눈덩이처럼 불어난다. 요술방망이라도 지닌 것처럼 고무풍선과 같다. 순오지에 있는 속담을 소개하면 '음식은 전해질수록 줄어들고 말은 사람을 통해 전해질수록 과장되고 확대되어 계속 부풀려진다는 것이다(찬전유감 언전유람: 饌傳愈減 言傳愈濫)'. 왜 그럴까? 음식은 재물이다. 견물생심(見物生心)이라는 말이 있다. 눈앞에 재물을 보면 욕심이 동하게 된다. 일단 은근슬쩍 하고 볼 일이다. 그러나 말은 그렇지가 않다. 돈이 생기는 것도 아니다. 흔히들 남의 말을 하기 좋아한다. 그러니 사람의 입을 통해서 전해지면 전해질수록 순식간에 부풀려질 대로 부풀려서 퍼진다. 또 가루는 칠수록 고와지나 말은 할수록 거칠어진다는 속담이 있다. 말이 많으면 실언이 많고 쓸 말이 적다고 했다. 좁은 입으로 말하고 넓은 치맛자락으로 못 막는다는 말도 있다. 말이 거침없이 퍼지는 확산성에 대한 위험성을 경고한 말일 것이다.

이 외에도 말과 관련된 속담들이 무지 많다. 말은 신중하게 해야 한다. 그리고 고운 말을 해야 한다. 말은 때로는 흉기가 되기도 하기 때문이다. '어른 말을 들으면 자다가도 떡이 생긴다'거나 '고기는 씹어야 제 맛이고 말은 해야 제 맛이 난다'거나 '말이 고마우면 비지 사러 갔다 두부 사 온다'는 말처럼 말을 어떻게 하고 듣느냐에 따라 그 사람의 품격이 달라질 수 있다. 또 '아이 말 듣고 배 딴다'. '말이 씨가 된다'. '말 속에 뼈가 있다(언중유골: 言中有骨)'. '말을 안 하면 귀신도 모른다'. 이처럼 어리석은 사람의 말을 곧이 곧대로 듣고 큰 실수를 하게 되거나 말을 함부로 하여 화(禍)를 자초하거나 농담으로 툭툭 던지는 말 속에 진담이 섞여 있는 것과 같다. 그리고 말을 하지 않으면 그 어미도 그 사람 속을 알 수가 없듯이 말의 중요성과 말을 해야 할 때와 하지 말아야 할 때를 구분해서 하는 것이 중요하다.

 한 번 뱉은 말은 다시 주워 담을 수도 없거니와 지우개나 페인트로 지울 수도 없다. 말은 가려서 해야 한다. 할말과 하지 말아야 할 말을 때와 장소를 구분해서 해야 한다. 그러지 아니하면 말은 씨가 되어 돌아옴을 잊지 말아야 할 것이다. 말은 화(禍)를 부르는 씨앗이 될 수 있기 때문이다.

죽음

생(生)하면 멸(滅)하고 멸(滅)하면 생(生)하는 것은
천하의 어떤 이도 거스를 수 없는 자연의 이치인데 왜들 이러시나

억겁의 저울추에 올려놓고 보면
같은 날 왔다가 같은 날 가는 건데 누가 앞서고 뒷서고 할 게 어디 있소

이승에서 부모자식간의 연을 맺은 피붙이들은
꽃상여를 붙들고 망자가 가야 할 북망산 앞길을 가로 막네

에고에고 슬픈지고 눈물을 쏟고 쏟아 본들
가는 이는 아무런 대답 없이 정든 집 버리고 쓸쓸하게 떠나가네

남은 이들도 너(彼) 나(我) 구분 없이
때가 되면 모두가 따라 가야 할 길이지만 웬지 모르게 두렵기만 하구나

산 자들이여 슬퍼하지 말고 가는 이에게
이승에서 당신을 무척 사랑했노라고 작별인사 한 마디씩 나누시게

이승에서 못다 이룬 정은
저승에서 다시 만나 천년만년 살고지고 만고복록 누리시게나

귀는 열고 입은 닫으라

나이가 들수록
귀는 활짝 열고
입은 굳게 닫으라고 했거늘

귀는 남의 소리를
잘 들을 수 있도록
두 구멍이 열려있고

입은 필요할 때만
사용할 수 있게
두 입술이 맞물려 있지요

귀는 쫑긋 세우고
입술은 굳게 다뭄이
설화(舌禍)를 줄일 수 있고

단전(丹田)의 양기(陽氣)가
목구멍으로 솟구치는 걸
막을 수 있을지어다

입은 꿰매고 귀로 듣는
함구이청(緘口而聽)이든
귀로 듣고 입을 틀어막는
청이수구(聽而守口)이든
조삼모사(朝三暮四)가 아니든가

만족(滿足)과 불만족(不滿足)

우리 인간들은 평생을 살아가면서 부족한 뭔가를 얻기 위해 불철주야 부단한 노력을 한다. 하지만 이러한 '부족함'의 판단기준은 없다. 개인에 따라 다르고, 동일인이라 하더라도 시간과 장소, 환경에 따라 시시각각 변화한다.

이는 개인들이 지니고 있는 가치기준의 잣대에 따라 서로 다른 상대적인 개념이다. 그래서 '부족함'을 변화무쌍하고 신출귀몰한 존재로 보는 게 옳을 듯하다. 그러니 많은 사람들이 만족한 삶을 살아간다기보다는 항상 무언가에 쫓기는 듯한 불만이 가득한 불안하고 초조한 삶을 살아가게 된다.

이러한 모습이 나의 자아상이고, 나의 현재 마음가짐이 아닌가 싶다. 그렇기 때문에 '부족함을 채우기 위한 노력'보다는 '부족함의 크기를 조금씩 줄여 가는 노력'이 더 현실적이고 현명하리라는 생각을 해 본다.

만족의 반대가 무엇일까요? 아니면 불만족의 반대는 무엇일까요? 만족과 불만족은 정반대의 개념일까요? 대부분의 사람들은 만족과 불만족은 정반대의 개념이라고 생각한다.

그러나 동기이론(Motivation Theory) 학자인 허즈버그(F. Herzberg)[41]는

---

41) 동기위생이론(motivation-hygiene theory) 또는 2요인이론(two-factor theory)으로 유명한 조직이론가이자 경영심리학자이다. 아브라함 매슬로(Abraham H. Maslow), 더글라스 맥그레거(Douglas McGregor) 등과 함께 1950년대 미국의 인간관계론 학파의 일원이다. 주요저서로는 『The Motivation to Work』(1959, 공저), 『Work and the Nature of Man』(1966), 『The Managerial Choice』(1976) 등이 있다.

만족과 불만족은 정반대의 개념이 아니라 전혀 성격이 다른 별개의 개념으로 정의하고 있다. 이를 동기위생이론(Motivation-Hygiene Theory)이라고 한다. 즉, 만족요인을 동기요인이라 하고, 불만족요인을 위생요인이라 하여 만족요인을 강화시켜야 동기부여가 된다는 것이다.

그는 만족의 반대는 '만족 없음'이며, 불만족의 반대는 '불만족 없음'이라고 하였다. 보다 자세한 설명은 여기서 생략하고 개괄적으로 이야기를 하면 만족을 얻기 위해서는 '만족 없음'의 요인을 하나씩 제거해 나가는 것이 곧 '만족'을 얻는 것이라고 했다. 같은 논리로 불만족 요인을 제거해 나가면 '만족'을 얻는 게 아니라 '불만족'이 조금 없어지는 것에 불과하다는 것이다.

그러니까 '불만족 요인'을 아무리 충족시킨다고 해서 '만족'을 얻는 것이 아니라 '불만족 없음'이 그만큼 줄어든다는 것이다. 그렇기 때문에 '불만족'을 채워서 '만족'을 얻으려고 노력할 것이 아니라, '만족 없음'을 조금씩 줄여 나감으로써 '만족'을 얻게 된다는 사실을 인식해야 할 것이다.

불만족과 만족을 반대개념으로 보는 견해는 앞에서도 이야기 했듯이 불만족이 시시각각으로 변화하기 때문에 아무리 채우고 또 채워도 만족에 이를 수 없다는 것이다.

왜? 인간의 욕심은 하늘의 똥꼬를 찌를 정도로 끝이 없기 때문이다. 아흔아홉 칸의 집을 가진 사람도 백 칸짜리 집을 갖지 못한 부족함 때문에 행복감을 못 느낀다는 우스개 소리도 있잖아요…

그래서 만족과 불만족을 전혀 다른 별개의 개념으로 보는 허즈버그는 정도의 차이는 있을지 모르지만 누구나 만족을 누릴 수 있다는 것이다. 다만, '만족 없음'의 크기에 따라 '만족'의 크기가 조금 다를 뿐이라는 것이다. 즉, '만족 없음'을 줄이면 줄일수록 '만족'의 크기가 그만큼 커지게 되며, '불만족'과는 아무런 상관이 없다는 것이다.

앞으로는 '불만족 요인'을 충족시켜서 '만족'을 얻으려고 할 것이 아니라, '만족 없음'을 하나둘 버림으로써 '만족'을 극대화시킬 수 있는 지혜가 필요하지 않나 생각을 해 본다. '만족'은 우리들의 마음속에 있기 때문이랍니다^.^

운명(運命)

사람이 한 평생을 사는 동안 전혀 예기치도 않은 뜻밖의 일들을 당하는 경우가 허다하다. 이럴 때 사람들은 안절부절 못하고 허둥대는 사례가 종종 있다. 그런데 이러한 일들이 개인이나 가정에 이로운 것이면 '신비스러운 일을 경험했느니', '하느님이 도우셨느니' 하면서 이곳 저곳에 자랑을 늘어놓기도 한다.

반대로 좋지 않은 일이 생겼을 때에는 '왜! 나한테 이런 고통을 주었을까', '왜! 나에게만 이런 일이 닥쳤을까' 하고 원망 섞인 신세타령을 하는 걸 볼 수 있다.

하지만 사람의 힘으로는 어찌 할 수 없는 상황이라는 걸 알게 되면 '불행했던 일들을 세월 속에 묻어 두고 이를 '운명'이란 단어로 담담하게 받아들이게 된다.

그러면 '운명'이라는 게 실체가 있는 걸까요? 아무 것도 없는 허상을 쫓는 건 아닌지요? 우연히 발생한 일이라고 하지만 어찌 보면 좋은 일이든 그렇지 않은 일이든 현실 속에서 일어난 하나의 사실(factor) 임에는 틀림없다.

그런데 엄연히 존재하는 현실을 부정할 수 없으니까 이를 '숙명'이니 '운명'이니 하는 말로 포장하여 자기최면을 거는 건 아닐까? 우리가 '우연'이라고 하는 것을 현대 과학이나 의학, 심리학 등으로 쉽게 풀 수 있는 문제는 아니다. 이는 사회현상론에서 찾는 게 더 나을 듯하다.

우리는 아침에 일어나서 밤늦게 잠자리에 들기까지 많은 말과 행동을 하게 된다. 각 개인의 관점에서 보면 어떤 목적의식을 가지고 움직이는 것들이다. 이를 사회전체적인 관점에서 보면 한 마디로 뒤죽박죽으로 비쳐진다. 서로 부딪히고, 찌지고, 볶고, 헐뜯고, 싸움질을 하는 등 무질서하고 복잡하기가 이루 말로 표현할 수 없다.

이를 두고 '복잡계(complex system network)'라는 표현을 쓰기도 하지만요… 속된 말로 세상이 거대한 네트워크로 얽히고설켜 있다는 것이다. 아이구 복잡해~ ㅎㅎㅎ

그러나 이 사회는 언제 그랬느냐는 듯이 매일같이 다람쥐 쳇바퀴 돌듯이 순조롭게 잘 돌아간다. 마치 여름날의 거센 폭풍우가 휘몰아치면 금방이라도 세상을 삼켜 버릴 것만 같지만 불과 하루도 지나지 않아 세상의 고요함을 보게 될 것이다. 이처럼 우리가 '우연'이라고 하는 것도 사회현상의 하나로 보는 게 옳지 않을까요?

행운이니, 불행이니 하면서 '운명'을 논하기 보다는 자연스런 사회현상으로 받아들일 수 있는 여유로움을 갖는 게 좋지 않을까 싶네요.

무수히 많은 사회현상들 중에서 별난 넘이 불쑥 들이닥친거라고 말이에요^.^

회자정리 거자필반(會者定離 去者必返)

사람은 태어나서 죽을 때까지 손으로 셀 수 없을 정도로 무수히 많은 사람들과 부대끼며 살아간다. 이렇게 많은 사람들과의 만남이 모두 즐겁고 신나고 좋은 만남이면 얼마나 좋겠소… 오래토록 기억에 남을 수 있고, 삶의 활력소가 될 수 있는 만남이었으면 하는 바램은 누구나 다 가질 것이다.

하지만 좋은 만남만 있는 게 아니다. 만나지 않았더라면 더 나았을 걸? 하는 만남도 있을 것이고, 때로는 철천지원수(徹天之怨讐)보다 더 못한 만남도 있을 것이다.

좋든 싫든, 계획적이든 그렇지 않은 우연이든 이 모든 만남들이 피할 수 없는 만남이라면 나의 의도대로 승화시킬 수 있는 역량을 갖길 바랄 뿐이다.

또 순간적으로 스쳐 지나가는 짧은 만남이 있는가 하면 부모 자식 간, 부부간처럼 생명이 다하는 날까지 지속될 수 있는 길고 긴 만남도 있다. 만남의 성격이 어찌 되었든 간에 우리는 만남과 만남의 연장선 속에서 살아가고 있다.

이러한 하나 하나의 만남들이 우리의 인생을 풍요롭게 엮어 가고 있다. 그러나 많은 사람들은 일상생활에서 일어나는 만남들을 지나가는 소나기처럼 터부시하는 경향이 있다. 매 순간 순간의 만남이 우리의 삶을 윤택하게 해주는 거름이라고 생각하면 그렇게 업신여기지는 않을 것이다.

'회자정리 거자필반(會者定離 去者必返)'이란 말이 있듯이 만남과 헤어짐은 삶의 자연스런 현상이다. 만나면 헤어지고, 헤어지면 또 만나는 것이 인생이기 때문이니라…

모든 만남들이 소중하고 유익했으면 좋으련만 그렇지 않다. 그래서 이러한 만남들을 우리들의 삶에 도움이 될 수 있는 만남으로 만드는 게 중요하다.

첫째, 만남의 상대를 구분해서 대하지 말아야 한다. 남녀노소, 지위고하, 재력유무 등 신분에 관계없는 한결같은 만남이어야 한다. 가진 자보다는 힘없고 빽없는 자에게 살갑게 다가설 수 있는 만남이 진정한 만남이 아니겠는가?

둘째, 열린 마음으로 진심을 가진 만남이어야 한다. 복선을 깔고 대하면 상대방은 마음을 열지 않고 자물쇠로 마음의 문을 굳게 걸어 잠글 수 있음을 알아야 한다. 열린 마음의 만남은 대화의 시작이며, 끝이 아니겠소~ 주고 받는 대화 속에 신뢰는 쌓여가고 따뜻한 정(情)이 오고 가리다.

셋째, 이해득실을 따지지 않는 만남이어야 한다. 상대를 위해 무언가 베풀 수 있는 만남으로 만들어야 한다. 받으려고만 하면 상대는 놓치지 않으려고 안간힘을 쓰며 움켜쥘 수 있음을 알아야 할 것이다. 먼저 베풀면 반드시 돌아오는 것이 대자연의 진리이다.

이왕 만나야 하는 만남이라면 이해득실을 떠나서 화끈하게 만나세요. 그리고 마음의 문을 활짝 열어젖히고 모든 것을 다 보여주세요. 그러면 상대의 마음은 오뉴월 꽃봉오리처럼 활짝 열릴 것이니라…^^

똥 묻은 개가 겨 묻은 개를 나무란다

자신의 허물은 숨기고 남의 허물만 들추어내서 트집을 잡는 경우를 말할 때 자주 쓰는 표현이다. 사람은 누구나 허물이 있게 마련이다. 미완인 상태에서 이 세상에 왔기 때문이다. 알고 보면 너 나 할 것 없이 모두가 모순덩어리들이다.

그러나 대부분의 사람들은 자기가 이 세상에서 가장 완벽하고 합리적이고 객관적인 기준과 가치관을 가졌다고 믿는다. 착각이다. 어떤 판단을 해야 할 경우에 자기 나름대로 신주단지처럼 모셔 놓은 정체불명의 '잣대'를 어김없이 불러온다. 그 '잣대'가 마치 전지전능한 힘을 가진 절대자가 내려준 모범답안지처럼 말이다.

각자가 지니고 있는 '잣대'들은 서로 다르다. 그래서 사람들이 사는 인간사에서는 하루도 쉬지 않고 크고 작은 일들이 터지고 또 터진다. 옳고 그름을 떠나서 사사건건 시시비비가 붙고 싸움질을 하는 일이 잦다. 상대방을 조금만 이해하고 감싸 안으면 될 일들도 고함부터 먼저 지르고 본다. 삿대질을 해대며 상대의 허점이나 잘못을 찾아서 세 치 혓바닥으로 마구 지껄여 댄다.

상대가 허물이 있으면 자신도 허물이 있다는 사실을 전혀 생각하지 않는다. 내 허물이 더 크다는 것을 먼저 생각했으면 한다. 똥 묻은 개가 겨 묻은 개를 나무라는 것은 얼토당토 않는 이야기이다. 그렇다고 겨 묻은 개가 똥 묻은 개를 나무라는 것도 정당화될 수 없다.

험담(險談)

사람의 탈을 쓰고 곱고 예쁜 말만 하며
성현군자처럼 살아갈 수는 없지요

말을 하는 사람이나 말을 듣는 사람이나
먼지 한 점 없는 투명인간이 아닐진대

때로는 시정잡배(市井雜輩)처럼
육두문자나 쌍스러운 욕지거리를 입에 담을 수도 있고

소주 한잔에 주정뱅이 실수를 하고
횡설수설 주절거리며 허점을 보일 수도 있으며

좋아하는 사람 싫어하는 사람을 분별하여
진지한 담론을 주고 받을 수도 있지만

밑도 끝도 없이 남을 비방하는 것은
좋은 습관도 아니려니와 민주사회의 적(敵)이라 할 수 있으니

건전한 비판과 일방적인 비난을 구별하지 못함은
민주시민의 올바른 자세가 아니리라

예로부터 남의 이야기를 할 때에는
네 가지 질문을 자신에게 던지라고 당부하였으니

자신의 이목구비(耳目口鼻)로
직접 보고 듣고 느끼고 확인한 것을
사실대로 말하고 있는지가 그 으뜸이요

자신이 하는 말이 한 점의 거짓도 없는
진실된 내용만을 담고 있는지가 그 둘째요

자신이 하는 말이 선(善)한 내용을 담고 있어
상대에게 피해를 끼치지 않는지가 그 셋째요

자신의 말이 좌중의 주변환경에 부합하여
꼭 해야만 하는 필요한 내용인지가 그 마지막이요

그 무엇보다 최선의 길은 당사자에게 직접 말을 할 수 있는
용기 있는 행동이 최고 중의 최고이지요

낮말은 새가 듣고 밤말은 쥐가 듣는다고 하듯이
아무리 입 단속을 한들 비밀이 있을 수 없고

한번 퍼져 나간 말은 걷잡을 수 없이
나비효과(Butterfly Effects)를 발산하여 하루에 천리를 가니

귀로 남의 그릇됨을 듣지 말고 눈으로 남의 모자람을 보지 말며
입으로 남의 허물을 말하지 않음이 군자에 가깝다고 했거늘

당사자에게 당당하고 떳떳하게 이야기해 줄 수 있는
용기 있는 위인(偉人)은 되지 못할지언정

아무런 생각도 정제(精製)함도 없이 남의 말이나 글귀를
앞 뒤 가리지 않고 지껄여대는 앵무새가 되지 말자구요

검증되지 않은 내용을 사실인 것처럼 포장하고 퍼뜨리는 행위는
자손만대까지 그 업보(業報)가 돌아가려니

자신의 생각과 철학을 정리해서 상대를 논리적으로
설득할 수 있는 성숙된 시민의식이 필요하며

정보를 공유할 수 있는 사이버 공간에서는
자신과 다른 생각을 가진 사람이 있을 수 있음을 명심하고

다른 편에 선 사람을 틀리고 나쁘다는 쪽으로 몰아세우는
편협되고 옹졸한 사고는 쓰레기더미에 버려야 하느니

어떤 색깔도 어떤 냄새도 풍기지 않고
맛깔스러움과 향기로움을 전할 수 있는
무색무취(無色無臭)하고 진미청향(珍味淸香)한 삶이 어떠하리요

절대(絕對)와 상대(相對)

사람이 살아가면서 주변의 수많은 사람들과 이런저런 사유로 부딪힌다. 그 이유가 어떻든 간에 서로 의견대립이 되면 상대에게 '옳다 그르다', '맞다 틀리다', '좋다 나쁘다', '길다 짧다', '예쁘다 밉다', '무겁다 가볍다', '크다 작다', '희다 검다' 등의 말들을 쏟아 붓는다.

왜! 사람들은 자기의 의견을 이렇게 표현할까요? 본인만 옳고, 맞고, 좋고, 길고, 예쁘고, 무겁고, 크고, 희다는 말인가? 도대체 이 논리가 어디서 훔쳐 온 개뼈다귀 같은 소리인가? 조선팔도 어디에도 없는 자기만의 억지논리가 아닌가요?

인간의 행위를 다루는 사회과학에서는 '절대'란 있을 수 없다. 모든 사물이나 사건은 상대적일 뿐이죠. 즉, 미운 게 있으니 예쁘게 보일 것이고, 짧은 게 있어야 길다고 말할 수 있을 것이기 때문이죠.

그런데 사람들은 어떤 일이 벌어졌을 때 앞뒤 정황은 거두절미하고 자기의 생각이나 행동이 마치 절대적인 것인양 흑백논리의 2분법적 방법으로 재단질을 한다. 이러한 논리를 전개하는 것은 멀리서 찾을 것도 없이 우리나라 수도 서울에 있는 여의도에 가면 잘 볼 수 있다.

입만 열면 나라걱정, 국민걱정을 하시는 지체 높으신 분들께서 하는 짓거리들이다. 마치 자기들만 애국지사인 것처럼…

본인들의 주장은 옳고 상대방이 이야기하는 것은 이유여하를 막론하고 틀렸다는 절대적 논리를 들이대는 무리들이다. 국민들의 신망을 먹고 살아야 할 패거리들의 이런 행태를 보고 있노라면 속이 역겨워 눈뜨고 볼 수 없는 꼴볼견들이다.

세상이 각박해진 걸까요? 아니면 정서가 메마른 걸까요? 상대방의 입장은 모기 눈물만큼도 생각하지 않고 '자기주장'만 되뇌이는 세태가 아쉽기만 하답니다.

그 원인을 어디서 찾아야 하나요? 가정이나 학교, 사회의 교육문제로 치부해야 하는 건지? 아니면 빠르고 복잡하게 변화하는 경쟁사회에서 살아남기 위해 처절하게 생존경쟁을 해야 하는 본능적 발현에서 비롯되는 건지? 알다가도 모를 일이다.

그 원인이 어디에서 오는 것이든 묻지 맙시다. 딱 꼬집어서 어느 하나를 말할 수는 없겠죠. 복잡하게 얽히고설켜서 생겨나는 사회의 구조적 문제가 아닐까라고 생각해 봅니다. 다만 경중(輕重)의 차이는 있겠죠.

'절대적'이라고 말하지 않고, '상대적'이라고 말할 수 있는 세상이 그립습니다. 단 하루만이라도 '절대'와 '상대'를 논하지 않고 상대방을 배려하고 이해하고 존중하는 삶을 살았으면 좋겠네요.

힐링(Healing)

우주상에 존재하는 모든 만물은 하나같이 지쳐있다. 살아남기 위해 발버둥치고 아우성치는 소리가 여기저기서 들려온다. 지옥이 따로 없다. 눈앞에 펼쳐진 모든 것들이 아비규환의 불덩이 속에 갇혀서 마지막 고통의 숨소리를 내고 있는 듯하다.

지구는 인간들이 짓밟고 더럽혀서 녹초가 된 지 오래이다. 배와 옆구리에 구멍을 뚫고 무언가를 캐내는가 싶더니 그 속에 폭발물을 설치하여 터뜨리기도 한다. 바다, 강, 산, 그리고 육지에는 인간들이 먹고 마시고 쓰다가 버린 온갖 오물들로 뒤덮여 몸살을 앓고 있다. 아무데나 마구 버리고 땅 속에 파묻는 바람에 중병이 걸린 불치병 환자 같은 모습이다.

개발이란 미명 아래 멀쩡한 나무를 자르거나 불을 태우는 일이 다반사다. 이것도 모자라 산의 중턱을 두 동강 내고 속살을 난도질해 놓기도 한다. 흉물스런 몰골을 드러낸 곳이 여기 저기에 늘려 있다. 아무 영문도 모르는 동식물들은 삶의 터전을 잃고 길거리로 내몰리고 있다. 지구의 허파라 불리는 아마존의 밀림마저 대머리로 변모해 가고 있는 실정이다. 밀림 속에 살던 동물들이 민가에 내려와서 사람들을 습격하기도 한다. 이러한 것들이 해외토픽에 오르내리는 게 어제 오늘의 일이 아니다.

땅속 깊숙한 곳까지 파고 들어가서 금이니 은이니 하며 마구 캐낸다. 돈이 된다면 지구 끝까지 파고 들어갈 심산이다. 심지어 하찮게 여기는 돌멩이마저도 그대로 두지 않는다. 깨고 부수어서 건축 자재니 뭐니 하며 도시의 빌딩 숲을 일구는 데 일조를 하고 있다.

　인간들은 잔인하다 못해 지독하다. 돈이 되고 몸에 좋다 하면 제자리에 가만히 두는 것이 하나도 없다. 그저 부수고 자르고 깨뜨리고 더럽히고 파헤치고 뿌리 채 뽑아 버린다. 한 마디로 씨를 말려서 흔적마저 없애려는 심보들이다. 저지른 만큼 되돌려 받는다는 업보를 왜 모를까?

　물질은 풍요로워졌다고 하자. 먹고 마시고 몸뚱어리를 눕히는 데는 편해졌다지만 인간들의 몸은 병들고 지쳐있다. 마음 또한 병든 환자와 다를 바가 없다. 나약하다 못해 작은 비바람에도 하늘거린다. 하루 세 끼 약봉지를 들고 살아도 병든 몸과 마음은 치유할 길이 없다. 환자가 된 인간과 짓밟히고 갈기갈기 파헤쳐진 자연을 보듬어 주고 어루만져 줄 수 있는 힐링이 필요하다.

　아무도 건드리지 않고 때 묻지 않은 자연 그대로가 아름답고 좋다. 못 생겼으면 못 생긴 대로가 좋다. 울퉁불퉁하면 그것대로 내버려 두면 좋으련만 인간들은 그것들을 가만 두지 않는다.

　중병에 신음하는 지구를 되살리고 각종 스트레스에 지친 인간들을 보듬어 주고 감싸 줄 힐링은 없는가? 그것은 기계문명으로부터 멀리하고 삼라만상의 모든 생명체를 태초의 모습 그대로를 어루만져 줌이 자연을 아끼고 사랑하는 참다운 힐링(healing)이 아닌가 싶다.

노블리스 오블리주(Noblesse Oblige)

로마시대의 귀족들은 높은 희생정신과 숭고한 봉사정신을 발휘하여 평민들로부터 많은 존경을 받아왔다고 한다. 자진하여 전쟁에 참전하고 세금과 기부를 스스로 납부하는 등 솔선수범의 자세를 보여 왔기 때문이다. 이러한 희생정신과 봉사정신이 로마제국 건설의 초석을 다지는 데 밑거름이 되었으며, 이로 인해 오랜 기간 동안 고대세계의 맹주로 군림할 수 있는 계기를 마련하였다.

14세기에 벌어진 백년전쟁에서는 영국군에 의해 1년가량 포위되어 패색이 짙었던 프랑스의 칼레시에 얽힌 이야기를 통해 노블리스 오블리주의 참뜻을 잘 알 수 있다. 칼레시는 오랜 전쟁으로 인해 지칠 대로 지친 절망적인 상황에서 영국군에게 항복을 하게 되죠… 항복선언을 위해 영국왕 에드워드 3세에게 항복사절단을 보냈으나 날벼락 같은 제안을 받게 되었다.

칼레 시민의 생명을 보장받기 위해서는 끝까지 항전을 하며 저항했던 시민 중에서 대표로 6명을 뽑아서 처형을 해야 한다는 것이었다. 이 소문이 칼레 시민들에게 퍼져 나가자 시가지는 온통 혼돈 속으로 빠져 들게 되었다.

이 소식을 전해들은 '외스타슈 드 생피에르'라는 사람은 스스로 6명 중의 한 명이 되겠다고 시민들 앞에 나섰다. 그는 칼레시에서 가장 부유하고 지위가 높은 귀족으로서 칼레 시민이면 누구나 알 수 있는 사람이었다. 많은 시민들 앞에 나선 외스타슈 드 생피에르는 '칼레 시민을 위해 죽는 것은 영광스러운 일이다'라고 외쳤다. 그리고 그는 나머지 다섯 명도 칼레 시민을 위해서 스스로 나와 줄 것을 종용하였다.

아니나 다를까? 시장, 귀족, 상인 등이 앞다투어 칼레 시민을 위하는 길이라면 자신의 목숨을 스스로 내놓겠다고 나선 것이다. 교수형에 처해질 여섯 명이 선정되고 형을 집행하는 아침이 밝아왔다. 대표로 뽑힌 여섯 명의 시민들은 하얀 천으로 얼굴을 가린 상태에서 교수형을 집행하는 형장으로 이끌려 가고 있었다. 잠시 후에는 목숨이 끊어지고 한 줌의 흙으로 돌아갈 절체절명의 순간이 다가왔다. 바로 그때 에드워드 3세 왕으로부터 전갈이 날아들었다.

교수형을 집행하기로 약속된 날 아침에 왕비는 에드워드 3세에게 간곡한 간청을 했다. 자신의 임신 사실을 왕에게 알리면서 저 사람들을 교수형에 처할 경우에 뱃속의 아기에게 좋지 않은 일이 일어날 수 있으니 사형 집행을 하지 말라는 것이었다. 왕은 왕비의 말을 듣고는 교수형 집행을 정지시킨 것이었다.

만약에 '외스타슈 드 생피에르'처럼 노블리스 오블리주를 실천하는 사람이 없었더라면 영국왕 에드워드 3세는 항전의 책임을 끝까지 묻기 위해 갖은 수단을 동원했을 것이다. 그리고 그 책임은 참혹하리만큼 가혹했을지도 모른다. 누군가의 큰 희생이 따랐을 것임은 자명한 사실이다.

여기서 우리 자신을 되돌아보자. 우리의 현실은 노블리스 오블리주와 다소 거리가 멀어 보인다. 권력과 돈과 명예를 쥔 자들을 보면 '외스타슈 드 생피에르'와 같은 인물을 찾기가 쉽지 않다.

2014년 연말에 터진 모 항공사의 땅콩회항 사건이 있었다. 이 사건을 두고 유한양행의 창업자이신 고 유일한 박사의 가족사에 관한 이야기가 언론을 통해 많이 회자된 적이 있다. 창업자의 피붙이는 경영에 참

여하지 않음은 물론 어디에서 어떻게 사는지도 모를 정도로 회사와는 거리를 두고 있다는 소식을 접한 바가 있다.

하지만 국내의 많은 기업들은 기업을 개인의 전유물로 생각하고 갖은 전횡을 휘두르고 있는 게 어제 오늘의 일이 아니다. 게다가 富를 자자손손 대대로 세습하기 위해 갖은 불법과 탈법을 일삼는다.

정치판이나 고관대작들도 크게 다르지 않다. 입만 열면 국가와 국민을 위한답시고 떠벌린다. 그러나 이들의 행동은 말과 전혀 다르다. 흔히들 털어서 먼지 안 나는 사람이 누가 있겠냐고 한다. 그렇다. 털어서 한 점의 먼지도 없는 사람이 누가 있겠소? 청정무구한 인간이야 없겠지요…

그러나 정도의 문제라고 본다. 권력이나 명예, 돈을 이용해서 탈법과 불법을 저지른다면 이는 문제가 다르다고 본다. 특히, 손에 쥔 권력은 맘대로 누리면서 의무는 다하지 않기 때문에 많은 국민들로부터 손가락질을 받는 게 아닌가 싶다.

3부 요인을 포함한 국무위원들의 청문회를 들여다보면 비리백화점을 보는 듯 해 마음이 씁쓸하기 짝이 없다. TV에서 '군 의문사에 관한 이야기'를 방송한 사실이 있다. 여기서 어느 희생장병의 아버지가 가슴을 치고 통곡을 하며 던진 말이 가슴을 아프게 한다. "내가 돈이 있고 힘이 있었더라면 자식을 군대 보내지 않았을 것이다"라고 했다. 이는 힘 없고 빽 없는 서민들의 가슴에 맺힌 恨을 대신 말한 게 아닌가 싶다. 군대를 간 대다수의 국민들이 힘 없고 돈 없고 빽이 없기 때문이란 생각을 갖는 건 아닌지…

Microsoft 창업자인 빌 게이츠는 하루에 한화 50억 원씩 기부를 한다고 한다. 얼마 전에 지구온난화로 오염된 물을 먹고 각종 전염병에 걸린 아프리카 대륙의 식수 해결 프로젝트[42]에 관한 기사를 접했을 것이다. 사람의 똥물을 정제하여 식수로 만드는 프로젝트이다. 여기서 정제된 물을 빌 게이츠가 마시는 장면이 TV와 신문을 통해서 전파를 탔다. 어느 누구도 흉내 낼 수 없는 일을 빌 게이츠가 해낸 것이다.

　노블리스 오블리주가 대단한 게 아니다. 하늘에서 떨어진 것도 아니다. 그렇다고 금덩어리와 같은 보석도 아니다. 사회적 신분에 상응하는 도덕적 의무를 다하면 된다. 권력은 누리고 의무를 다하지 않으니까 여론의 지탄을 받고 국민들로부터 외면을 당하는 건 아닌지 되돌아 볼 일이다!

---

42) 세계 최대 IT 기업 마이크로소프트의 창업자 빌 게이츠는 자선재단인 '빌 앤 멜린다 게이츠 파운데이션'을 통해 사람의 인분을 식수와 전기로 바꾸는 프로젝트를 지원하고 있다. 열악한 환경에서 수인성 전염병으로 고통받고 있는 아프리카의 개도국 국민들을 위해 사람의 인분을 식수로 정제하는 프로젝트이다. 2015년 1월에 유튜브를 통해 인분을 정제한 물을 마시는 영상이 나감으로써 세계를 놀라게 했다.

제4편

옛 것을 읽혀라

제비가 논어를 읽고,
개구리가 맹자를 읽는다

지지위지지 부지위부지 시지야
(知之爲知之 不知爲不知 是知也)[43]

아는 것은 안다고 말하고
모르는 것은 모른다고 말할 때
그것이 바로 아는 것이다

제비의 지지배배 지저귐이
논어를 낭랑하게 읊조리는
지지위지지 부지위부지와 같으며

독락락 여중락락 숙락
(獨樂樂 與衆樂樂 孰樂)[44]

홀로 풍악을 즐기는 것과
대중이 함께 풍악을 즐기는 것 중
어느 것이 더 즐거운가

개구리의 개굴개굴 울음소리가
맹자를 청아하게 읽어 가는
독락락 여중락락 숙락과 같으니라

---

43) 『논어(論語)』「위정편(爲政篇)」에 공자가 제자인 자로(子路)에게 '안다는 것이 무엇인지'를 가르치는 대목에서 나오는 말이다. '아는 것을 안다고 하고, 모르는 것을 모른다고 하는 것이 곧 아는 것이다'라고 말하였다.
44) 『맹자(孟子)』에 나오는 고사성어로서 여럿 사람이 모여 풍악을 즐기는 것이 더 좋음을 이르는 말이다.

완월장취(玩月長醉)[45]

밤하늘의 어둠을 밝혀주는
휘영청 둥근 달을 벗 삼고

총총히 박힌 별을 따다가
심심풀이 술안주로 올려서

종이배 술잔을 띄워 놓고
출렁이는 물결에 장단 맞추며

잔잔한 호수 위에 드리운
수양버들 그림자와 조우하여

여유로움에 인생을 담아
청아하게 시(詩) 한 수를 읊조리니

계수나무 그늘아래 앉아서
방아 찧는 토끼가 윙크를 보내네

술이 좋아 친구가 찾아들고
주고받는 술잔 속에 우정이 익어가며

바람결을 타고 살포시 날아든
상큼한 꽃내음에 흠뻑 취하고 싶어라

---

45) 달을 벗 삼아 술이 취하도록 오래 마신다는 뜻으로 조선 후기의 문인 이정보(李鼎輔)의 시에서 나온 말이다.

불요파 불요우 불요회(不要怕 不要尤 不要悔)[46]

인생은
100세 시대에
접어 들었으나

쌍수를 들고
반길 일은
아닌 듯하다

인생의 설계도를
제대로 그리지 못하면

젊어서는 고생이요
늘그막엔 구박이니

삼모작의 청사진을
반듯하게 만들어서

일모작은
不要怕의 모심기를 하여

다가올 미래에 대해

---

46) 사람이 살아가는데 있어서 꼭 지켜야 할 세 가지의 가치관에 관한 내용을 담고 있다. 무슨 일이 닥치더라도 두려워하지 말 것이며, 자신의 실수나 잘못을 남의 탓으로 돌리지 말 것이며, 지난 일들에 대해 후회를 하지 말라는 뜻을 담고 있다.

두려움을 갖지 말고

이모작은
不要尤의 땀방울을 흘려

매사를 주변의 탓으로
돌리지 말 것이며

삼모작은
不要悔의 열매를 맺을 수 있게

이미 지나간 날들을
후회하지 말지어다

아직 다가오지도 아니한
미래를 두려워해서
무얼 할 것이며

지금의 어려움을
조상 탓으로 돌려서
얻을 것이 무엇이더냐

과거에 집착하면
현명치 못함이니
현재에 충실함이 최선이리라

주음미훈(酒飮微醺)[47]

꽃은 필 듯 말 듯 봉오리를 반쯤 벌려
속살을 드러낼 때가 그 아름다움이 최고조에 이르며

술은 얼큰하게 취기가 돌 무렵에 잔을 내려놓고
돌아서는 게 주선(酒仙)의 경지에 이른 것이며

달은 열 나흗날 동녘하늘에 휘영청 솟아올라
낙락장송 가지 위에 대롱대롱 매달렸을 때가 가장 풍요롭듯이

꽃이 꽃봉오리를 터뜨려 세상 밖으로
얼굴을 내밀게 되면 곧 시들어버려 추함을 드러내며

술이 주당을 집어 삼키면 이성을 잃고
꼬부라진 혓바닥으로 횡설수설 추태를 보이게 되고

달이 차서 보름을 넘기면 곧 기우나니
쪼그라드는 모습이 보는 이로 하여금 공허함을 갖게 하듯

너무 지나치면 부족함만 못한 것이니
짙은 화장과 명품 보석으로 치장하는 것이 진정한 美가 아니리라

---

47) 『채근담(菜根譚)』에 나오는 말로 술은 약간 얼근할 정도에서 그치는 것이 좋다는 뜻이다.

불균수약(不龜手藥)[48]

솜을 씻는 자에게는 불균수약이
겨울철에 손을 트지 않게 하는
한낱 묘약에 불과하였지만

불균수약의 조제법을 익혀
싸움에서 혁혁한 공을 세운 장수는
큰 녹봉을 얻어 부귀영화를 누렸듯이

어떤 기술과 재능도 쓰임새에 따라
그 가치가 지닌 무게감은
천양지차의 차이를 보이는구려

어리석은 자의 눈에는
길바닥에 버려진 하찮고
보잘 것 없는 돌덩이로 보일지라도

지혜로운 자의 눈에는
진귀한 금은보화로
거듭날 수 있음을 알아 차렸듯이

보다 넓게 보다 깊게
보다 크게 보다 멀리 내다볼 수 있는
선구안(選球眼)의 눈을 키울지어다

---

48) 『장자(莊子)』의 「소요유편(逍遙遊篇)」에 나오는 말이다. '손을 트지 않게 하는 약'이란 뜻이지만, 어떤 사람에게는 싸구려 같은 것이라 하더라도 그 사용법이나 용처를 제대로 아는 사람을 만나면 진귀한 보석으로 거듭날 수 있음을 이르는 말이다.

맹수불약 필약기조(猛獸不躍 必匿其爪)[49]

사나운 짐승은
자신의 용맹을 믿고
쉽게 뛰지 아니하며

날카로운 발톱을
깊숙이 숨긴 채
살금살금 걷는다

현명한 자는
자신의 재능을
함부로 드러내지 않고

자세를 낮추고
상대방의 장점을
배우려고 노력하느니라

---

49) 사나운 짐승도 자신의 용맹을 숨기듯이 유능한 사람은 자기의 재능을 숨긴다는 의미를 지닌 사자성어이다.

방관자심 당국자미(旁觀者審 當局者迷)[50]

훈수 두는 자의 말을 듣기 좋아하는 사람이
세상 어디에 있으리까마는

귀를 틀어막고 들으려 하지 않는다면
어찌 민심을 바르게 읽을 수 있으리오

남의 말이 귀에 거슬리면
혼자서 북치고 장구치는 일인극 놀이를 해야지

소꿉장난도 아니고 자신의 귀는 막고
상대의 입에는 재갈을 굳게 물린다면

세 살배기 어린 애기도 싫다고 등을 돌릴 텐데
왜 모른다고 시치미를 뚝 떼고 있을까

때로는 훈수를 귀담아 듣는 마음의 문을
여는 것이 세상을 바로 보는 이치이며

아집에 사로잡혀 썩은 옹고집을 끝까지 부리면
매사를 그르칠 수 있음이니

훈수 두는 자의 판단이 사심 없는
객관적이고 합리적임을 명심할지어다

---

50) 『신당서(新唐書)』「원행충전(元行沖傳)」에 나오는 말이다. 바둑을 둘 때 두는 사람은 잘 모르지만 옆에서 지켜보는 사람이 더 잘 아는 것과 같은 뜻이다.

백구과극(白駒過隙)[51]

흰 망아지가 달리는 것을
문틈으로 빼꼼히 내다보듯이

덧없는 인생이 쏜살같이
빠르게 흘러감을 새삼스레 느끼는 구려

귀 밑에 백발이 성성히 찾아들고
이마에는 주름살이 패이며

젊음은 흐르는 물과
하늘에 뜬 구름처럼
흔적도 없이 사라지니

일장춘몽의 인생을
수류운공(水流雲空)[52]이라
부르지 않을 수 있으리오

---

51) 『장자(莊子)』의 「지북유(知北遊)」와 『사기(史記)』의 「유후세가(留侯世家)」에 나오는 이야기이다. 「지북유」에서는 "사람이 하늘과 땅 사이에 사는 것은 마치 흰 말이 달려가는 것을 문틈으로 보는 것처럼 순식간이다. 모든 사물은 물이 솟아나듯 문득 생겼다가 물이 흐르듯 사라져 가는 것이다. 즉 사물은 모두 자연의 변화에 따라 생겨나서 다시 변화에 따라 죽는 것이다[人生天地間 若白駒之過隙 忽然而已 注然勃然 莫不出焉 油然流然 莫不入焉 已化而生 又化而生]"라고 하였다. 「유후세가」에서도 "인생의 한 세상은 마치 흰 말이 달려가는 것을 문틈으로 보는 것처럼 순식간이다. 어찌 스스로 괴로워하는 것이 이와 같음에 이르겠는가[人生一世間 如白駒過隙 何至自苦如此乎]"라고 하였다.
52) 흐르는 물과 하늘의 뜬구름이라는 뜻으로, 과거사가 흔적(痕跡)이 없고 허무(虛無)함을 비유한 말이다.

거직조왕(擧直錯枉)[53]

곧은 사람을
널리 찾아서 기용하면
굽은 사람도
곧게 만들 수 있으나

메모 속에서
굽은 사람을 찾으면
굽은 사람들의 소굴(巢窟)로
만들 것이 뻔하며

똥통 속에서
구더기를 찾는 것과
다를 바가 없으니
에고에고 오호통재(嗚呼痛哉)라

---

53) 『논어(論語)』「위정편(爲政篇)」에 나오는 말로 애공(哀公)이 孔子에게 "어떻게 하면 백성이 따르겠냐(何爲則民服)"고 물었다. 孔子는 "곧은 것을 들어 굽은 것 위에 두면 백성이 따르고, 굽은 것을 들어 곧은 것 위에 두면 백성은 따르지 않는다(擧直錯諸枉 則民服, 擧枉錯諸直 則民不服)"라고 대답하였다.

회천재조(回天再造)[54]

어지러운 난세를
슬기롭게 헤쳐 나갈 수 있는 길은
초심을 잃지 않음이라

아무런 철학도 없이
이 넘 저 넘에게 휘둘리면
우마(牛馬)와 다를 바가 없을 것이고

기본과 원칙이
흐트러진 상황에서는
아무리 좋은 백약을 쓰도 무효이니라

---

54) 『구당서(舊唐書)』에 나오는 말로 쇠퇴하고 어지러운 상태에서 벗어나 새롭게 나라를 건설한다는 뜻이다.

정본청원(正本淸源)[55]

근본을 반듯하게 세우고 근원을 맑게 함이
다스림의 으뜸이오

냇물은 위에서 아래로 흐르니
윗물이 맑아야 아랫물이 맑으며

오늘이 어제 되고 내일이 오늘 되듯이
세월은 순리에 따라 흐르며

모든 일이 정도를 걸으면
엎어지고 넘어지고 막힘이 없으련만

입에 재갈을 물려 바른 말도 못하게 하거나
귀를 막고 듣지 아니하면

무슨 방편으로 시류(時流)의 흐름을
바르게 읽을 수 있을 것이며

어찌하여 올바르게 다스린다는 말을
함부로 할 수 있단 말인가

---

55) 「한서(漢書)」의 「형법지(刑法志)」에서 유래된 말로 〈교수신문〉이 2015년 희망의 사자성어로 선정하였다. 근본부터 철저하게 개혁하여 바로 뜯어 고친다는 의미이다.

군맹무상(群盲撫象)[56]

맹인이
코끼리를 더듬은 후에
좁은 소견을 부풀려서 말하듯이

사물을
소소한 식견에 의해
그릇되게 판단을 내려서 어쩔라우

最善은 아닐지라도
次善을 찾아서
합리적인 所信을 피력함이 좋으리오

---

56) 불경(佛經)에 나오는 말로 '여러 맹인(盲人)이 코끼리를 더듬는다'라는 뜻이다. 즉, 자기의 좁은 소견(所見)과 주관(主觀)으로 사물(事物)을 그릇되게 판단(判斷)함을 이르는 고사성어이다.

감인대(堪忍待)

아무리 힘들고
어려움이 닥치더라도
이를 악물고 견뎌야 하며(堪)

울화가 목까지 치밀어
오르는 일이 있을지라도
꾹 참아야 하고(忍)

세월이 흐르면
기회가 찾아드니 때가 오기를
진득하게 기다려라(待)

그대의 눈앞에는
행복의 문이 활짝 열려
무릉도원이 펼쳐지리라

지통재심 일모도원(至痛在心 日暮途遠)[57]

지극한 아픔은
마음 속에 있는데
해는 서산으로 저물고
갈 길은 아련히 멀구나

해가 저물고
갈 길이 멀다는
日暮途遠은
靑馬를 쏙 빼닮았으나

지극한 아픔을
마음 속에 품은
至痛在心은
靑馬가 모르는 척 하구려

에고 에고
원통하고 슬프도다
靑馬의 본디 깊은
마음도 그러하였을까나

---

57) 『사기(史記)』에 나오는 말로 '해는 저물고 갈 길은 먼데 지극한 아픔이 마음속에 있다'라는 데서 유래하였다. 지통재심(至痛在心)은 2014년도 교수들이 뽑은 올해의 사자성어 중에서 3위에 올랐던 고사성어이며, 청마(靑馬)는 2014년 말띠 해를 의미한다.

삭족적리(削足適履)[58]

불합리한 방법을 동원하여
위기의 순간을 모면하려는
꼼수가 통할까나

일사분란한 군대도 아니고
어찌 발을 깎아서
신발에 맞춘다는 생각을 하니

正道를 보고 나아감이
밝고 아름다운 사회를 만드는
지름길이 아니겠는가

에고 에고 발이 아픈지고
신발을 발에 맞추는
솔루션을 찾음이 어떠하리오

---

58) 『회남자(淮南子)』「설림훈편(說林訓篇)」에 나오는 말로 발을 깎아 신발에 맞추듯이 불합리한 방법을 억지로 적용함을 이르는 말이다.

득의지추(得意之秋)

바라던 일이 뜻대로 이루어질 수 있는
좋은 기회라고 호들갑을 떨지말라

매년 연말연시가 되면
온갖 미사여구를 들이대고 그러하지 않았던가

지나고 보면 호들갑을 떨며
난리법석 놀음을 한 것과 무엇이 다르더냐

바람 불고 물결치는 대로
방랑시인 김삿갓처럼 유유자적하며 살으라

태산을 만나면 산등성이를 타고 넘고
크나 큰 강을 만나면 일엽편주를 띄우리라

뭔가를 잡으려고 아둥바둥 발버둥친들
마음의 병고만 키울 것이니

순리대로 살아감이
心身을 굳건히 다질 수 있는 得意之秋[59]가 아닐까요

---

59) 바라고 뜻한 바가 그대로 이루어져 통쾌한 때를 이르는 사자성어이다.

도행역시(倒行逆施)[60]

정도를 벗어나서
일을 그릇되게 꾸미려고
작당을 하며
덤벼들지 말라

물길은 아래로
도도히 흐르고
역사는 순리대로 흘러가고
있음을 잊지 말라

물길을 거꾸로
흐르게 할 수 없듯이
역사의 나침반을
되돌릴 수는 없느니라

순리를 거역하고
정도를 그르치면
그 대가는 쓰디 쓴
소태[61]가 되어 돌아가리라

---

60) 『사기(史記)』에 나오는 말로 거꾸로 가고 거꾸로 행한다는 뜻이다. 도리를 따르지 않고 무리하게 행하거나 상식에 어긋나는 행동을 하는 것을 이르는 말이다.
61) 아주 짠 음식 맛을 일컫는 경상도 방언 또는 몸서리 칠 정도의 쓴맛을 내는 소태나무를 말한다.

우생마사(牛生馬死)

모름지기 비룡(飛龍)은
현인(賢人)을 가까이 해야
길(吉)할 수 있다고 했거늘

물길을 거슬러 오르려고
안간힘을 쓰는 말(馬)은
끝내 목숨을 잃지만

거센 물길의 흐름에
몸을 맡긴 소(牛)는
귀한 목숨을 건져 내었듯이

도도히 흐르는
민심의 물길을 되돌리려는
의기양양함도 좋으련만

성난 민심의 격류에
순응하여 난국을 타개하는
방법도 좋은 셈법이 아닐까

우생마사(牛生馬死)[62]에
얽힌 교훈을 되새겨서
삶의 바른 길잡이로 삼기를 바라오

---

62) 소와 말이 깊은 물에 빠지게 되면 말보다 소가 살아날 확률이 높다고 한다. 그 이유는 말은 자신의 능력을 믿고 물살을 거스르며 물질을 하다가 곧 지치게 되고, 소는 물의 흐름에 따라 천천히 밖으로 빠져 나오게 된다는 것이다.

수심가지 인심난측(水深可知 人心難測)

열 길 물속의 깊이는
알 수 있어도
한 길 사람의 마음은
헤아릴 수가 없듯이

사람의 마음을
살펴 헤아린다는 게
여간 쉬운 일이
아닐지니라

자신의 가슴에
뿌리를 박고 있는
자기 자신의 마음도
헤아리지 못하면서

어찌 남의 가슴에
심지를 내린
그대의 마음을
헤아릴 수 있단 말인가

간난신고(艱難辛苦)[63]

한 해를 마무리하는
섣달에 들어서면
다사다난이란 말을
입에 달고 살지만

'청마의 해'라고
난리법석을 떨었던
갑오년만큼이나
간난신고(艱難辛苦) 했을까나

시작은 바라던 일이
뜻대로 이루어질 수 있는
절호의 기회라고
득의지추(得意之秋)하며 떠들었건만

끄트머리는
돈 없고 힘 없는
서민들의 눈물샘을
자극했던 나날들이 아니었을까

---

63) 몹시 고되고 어렵고 맵고 쓰다는 뜻으로, 갖은 고초를 겪어 몹시 힘들고 괴로움을 나타내는 사자성어이다.

서과피지(西瓜皮舐)[64]

사물의 내용이
뭔지 모르고
수박 겉핥기 하듯
껍데기만 건드리면
어찌 하려고

장님이 코끼리
뒷다리를 만지고
전부를 본 것처럼
말하는 것과
무엇이 다르랴

실속은 없고
속빈 깡통이 되어
이 사람 저 사람의
발길에 채이며
요란한 소리를 내듯이

본질을 잊고
거죽때기에
온갖 심혈을
기울여 본들
변죽만 울리는
꼴은 아닌지

---

64) 수박 겉핥기란 뜻으로 일 또는 물건의 내용도 모르고 겉만 건드린다는 의미를 담고 있는 사자성어이다. 『동언해(東言解)』와 『이담속찬(耳談續纂)』에 나오는 말이다.

궁공조각(弓工調角)[65]

활을 만드는 장인은
뿔을 다루 줄 알고 (弓工調角)

물을 이용해 사는 사람은
배를 다룰 줄 알며 (水人調船)

목재를 만지는 목수는
나무를 다룰 줄 알고 (材匠調木)

지혜로움을 지닌 사람은
자신을 다룰 줄 알듯이 (智者調身)

나라를 다스리는 사람은
백성의 마음을 헤아려야 하느니라 (治者調民)

---

65) 『법구경(法句經)』에 나오는 말이다.

책인지심책기 서기지심서인
(責人之心責己 恕己之心恕人)[66]

남을 꾸짖는 마음으로
자신을 호되게 질책하고

자신을 용서하는 마음으로
남에게 관용을 베풀라

자신의 사랑은 로맨스고
남의 사랑은 불륜이라 치부하면

자신에겐 너그럽기 끝이 없고
남에겐 엄격함이 도를 지나치니

마음의 벽을 허물지 아니하면
인간관계는 불을 보듯 뻔하리라

---

66) 『명심보감(明心寶鑑)』에 나오는 말로 '타인을 책망할 마음으로 자신을 책망하고, 자신을 용서하는 마음으로 타인을 용서하라'는 뜻이다.

시은물구보 여인물추회
(施恩勿求報 與人勿追悔)[67]

은혜를 베풀었으면
그 보답을 바라지 말고
뇌리에서 까마득히 잊어야 하며

남에게 무언가를 주었거든
내 손아귀에서 떠났으니
아깝다고 후회하지 말지어다

보답을 바라는 은혜는
아니 베품만 못하고
준 뒤에 후회할 것은
주지 아니 함이 좋으리오

---

67) 『명심보감(明心寶鑑)』「존심편(存心篇)」에 나오는 말로 '은혜를 베풀고서 보답 받기를 바라지 말고, 남에게 주었거든 후회하지 마라'는 뜻이다.

대인춘풍 지기추상(待人春風 持己秋霜)[68]

남에게는
따뜻한 봄바람처럼
온화하게 응대하고

자신에게는
늦가을 서릿발처럼
차갑게 대할지어다

남에게 매몰차고
자신에게 관대하면
앞을 못 보는 소경이요

남에게 따뜻하고
자신에게 냉정하면
천리를 내다보는 賢者이니라

---

68) 『채근담(菜根譚)』에 나오는 말로 '남을 대할 때는 봄바람처럼 따뜻하게 하고, 자신에게는 가을 서리처럼 차갑게 대하라'는 뜻이다.

허령불매(虛靈不昧)[69]

마음은
형체가 없기에
손으로 잡을 수도
눈으로 살필 수도 없으며

마음은
머무는 곳이 없기에
속삭이는 소리를
귀로 들을 수가 없으며

마음은
구름처럼 일고
바람처럼 사라지기에
한 점의 구김살도 없으니

그 공허함이
가을하늘 같이 한량없고

그 맑음이
명경지수의 거울 같으며

그 밝음이
어둠을 밝히는 촛불 같고

---

69) 『대학(大學)』「경일장(經一章)」에 나오는 말로 '사심(私心)이 없고 영묘(靈妙)하여 어둡지 않아서 모르는 것이 없다'는 뜻으로, 마음의 실체(實體)와 작용을 비유한 말이다.

그 바름이
기울임 없는 저울 같으며

그 고요함이
바람에 흔들리지 아니하고

그 깨끗함이
옥돌같이 이를 데 없고

그 청초함이
백설 속의 설중매 같고

그 순결함이
하얀 백합송이 같으며

그 아름다움이
사랑을 못 잊는 물망초요

그 순수함이
새벽이슬의 영롱함이요

그 신령함이
천지만물에 감통(感通)[70]하나니

마음은
자유분방한 자유인이요
갈피 못 잡는 이방인이요
정처 없이 떠도는 방랑객이어라

---

70) 생각이나 느낌이 아무런 거리낌 없이 스며들 듯이 통하는 것을 말한다.

징갱취제(懲羹吹齏)[71]

자라 보고 놀란 가슴
솥뚜껑 보고 놀란다는
옛말이 있듯이

뜨거운 국물에 데었다고
냉채 먹을 때도
호호하며 입 바람을 분다면

소심함이 극에 달하여
무엇을 믿고
큰 일을 맡길 수 있단 말인가

---

71) 뜨거운 국에 데더니 냉채를 먹을 때도 분다는 뜻으로, 한 번의 실패로 모든 일을 지나치게 경계함을 이르는 사자성어이다. 전국시대(戰國時代) 말엽에 초나라의 三閭大夫(삼려대부)이며 회왕(懷王)의 좌도(左徒)를 지냈던 정치가요 비극시인인 屈原(굴원: 이름은 平)이 방랑 시절에 쓴 시에 나오는 말이다. 그는 늘 위기에 처한 조국을 걱정하고 나라를 그르치는 간신을 미워하며 고고한 자신의 심정을 정열적으로 노래했는데 징갱취제는 『楚辭(초사)』 9장 중 「惜誦(석송)」이란 시의 한 구절이다. "뜨거운 국에 데어서 냉채까지 불면서, 어찌하여 그 뜻을 바꾸지 못하는가(懲於羹者而吹齏 何不變此志之也)." 굴원은 惜誦을 통해 자기보다 더 군주를 생각하고 충성을 맹세하는 선비가 없음을 슬퍼하며 강개지심(慷慨之心)을 토로하였다. 유사한 말은 징선기여(懲船忌輿), 오우천월(吳牛喘月)이 있다.

연작안지 홍곡지지(燕雀安知 鴻鵠之志)[72]

제비나 참새 따위가
기러기나 고니의
큰 뜻을 어찌 알 수 있으랴

소인은
눈 앞의 작은 이득을 탐닉하며
큰 일을 그르치고

군자는
사사로운 정(情)을 멀리하고
큰 일을 도모하나니

소인이
군자가 품은 큰 뜻을
어찌 헤아릴 수 있겠는가

---

72) 『사기(史記)』 「진섭세가(陳涉世家)」에 나오는 이야기로 진(秦)나라의 한낱 머슴에 불과했던 진승(陳勝)이 진나라의 폭정에 못 이겨 농민봉기를 일으켜 장초(長楚)를 세운 데서 유래하였다. 제비나 참새 따위가 어찌 기러기나 고니의 뜻을 알겠느냐는 말로 곧 평범한 사람이 영웅의 큰 뜻을 알리가 없다는 고사성어이다.

홍곡고비 부집오지(鴻鵠高飛 不集汚地)[73]

기러기와 고니는
하늘 높이 날면서
더러운 땅에는 머무르지 않는다

아무리 힘이 들고 어렵더라도
누울 자리를 살피어
다리를 뻗어야 하고

지치고 피곤하여 넘어질지언정
앉을 자리를 찾아서
엉덩이를 붙여야 하듯

군자는 사사로운 이득에
마음을 팔지 아니하고
정도(正道)를 생명처럼 여기나

소인은 작은 이익에
눈이 멀어 앞뒤를 가리지 않고
자신의 뱃속을 채우려 하는구나

---

73) 「열자(列子)」에 나오는 이야기로 큰 기러기와 고니는 높이 날면서 더러운 땅에는 머무르지 않음을 이르는 말이다. 기러기와 고니의 선비 같은 특성 때문에 홍곡이라는 단어는 큰 뜻을 품고 있는 사람을 뜻하기도 한다.

육단부형(肉袒負荊)[74]

인간은 많은 실수를 하면서
잘못을 뉘우치고 살아가는 미완성품이다

때로는 엎어지고 넘어지면서도
훌훌 털고 일어나서 다시 걷기도 하고

죽을 죄를 지어도 진심어린 용서를 구하면
과거의 구원(仇怨)이 눈 녹듯이 사라지며

염파(廉頗)[75]는 임금의 총애로
높은 자리에 오른 인상여(藺相如)[76]에게 배알이 꼴렸으나

그의 숭고한 뜻을 헤아리고는
웃통을 벗은 몸에 회초리를 짊어지고 찾아가 사죄를 구하니

원수가 절친으로 변해 문경지교(刎頸之交)를 맺고
조(趙)나라를 지켜낸 충신이 되지 않았는가

지난 시절의 과오(過誤)를 뉘우치고 용서를 구하면
그 허물을 감싸고 덮어 줌이 인간이 베푸는 최고의 선물이니라

74) 중국 전국시대(戰國時代) 조(趙)나라의 명장 염파(廉頗)는 인상여(藺相如)라는 신하가 자신보다 벼슬이 높아진 것을 두고 모욕을 주려고 하였으나 먼 훗날 자신의 어리석음을 깨닫고는 "웃통을 벗은 등에 가시나무를 지고 가서 용서를 구했다"는 고사에서 유래된 말이다. 훗날 염파와 인상여 간의 교우는 '문경지교(刎頸之交)'라는 고사가 유래될 정도로 돈독하였다.

75) 노년의 나이에도 젊은 장군에 못지않은 완력을 보여 『삼국지』의 황충과 함께 중국의 대표적인 노익장의 상징으로 여겨지는 인물이다.

76) 전국시대(戰國時代) 말기 조(趙) 혜문왕(惠文王)의 가신(家臣)이다. '완벽(完璧)' '문경지교(刎頸之交)'의 고사로 알려져 있다.

군자구저기 소인구저인
(君子求諸己 小人求諸人)[77]

군자(君子)는
일의 잘잘못을
자신에게서 구하려고
무척 애를 쓰지만

소인(小人)은
일의 잘못을
남의 탓으로 돌리고
원망하기에 바쁘니

무엇이 옳고 그름을 떠나서
일이 그릇된 원인을
스스로에게서 찾으려고 노력하는
반구저기(反求諸己)의 자세가
삶의 지혜가 아닌가 싶네

---

77) 『논어(論語)』「위령공편(衛靈公篇)」에 나오는 이야기로 군자는 자신에게서 잘못을 찾고 소인은 다른 사람에게서 잘못을 찾는다는 뜻이다.

자곡지심(自曲之心)[78]

방귀 뀐 놈이
오히려 큰 소리치며
성을 낸다는 말이 있듯이

도둑이 도리어
매를 들고 설치는
적반하장(賊反荷杖)이면 아니되지

결점이 있는 사람이
스스로 고깝게 여기는
마음을 가지면 어쩌라고

잘되면 내 탓이요
못되면 조상 탓으로
돌리는 심보는 곤란하지요

---

78) 허물이 있는 사람이 제 스스로 고깝게 여기는 마음을 뜻하는 사자성어이다.

과이불개 시위과의(過而不改 是謂過矣)[79]

누구에게나
과오(過誤)가 있지만
이를 바르게 고치려고
힘껏 애쓰지 아니하면

이것이
곧 허물이요
과오(過誤)가 아니고
무엇이라 말할 수 있겠는가

볏짚은
썩으면 거름이 되지만
허물을 묵히고 썩히면
커다란 해악(害惡)이 될 것이니

허물을
고치고 다듬으려는
노력을 하지 아니하면
부스럼처럼 크게 번지리라

---

79) 논어(論語)」「위령공편(衛靈公篇)」에 나오는 이야기로 사람은 누구나 허물이 있게 마련이며, 그 허물을 하나하나 고쳐나가 허물을 없게 하는 일이 도리라는 뜻이다. 공자가 "잘못하고도 고치지 않는, 이것을 잘못이라 한다(過而不改 是謂過矣)"고 말한 데서 연유한다. 또「자한편(子罕篇)」에는 "잘못하거든 고치기를 꺼리지 말라(過則勿憚改)"고 하였고,「이인편(里仁篇)」에는 "그 사람의 잘못을 보고 그의 착함을 알게 된다(觀過斯知仁矣)"고 하였다.

자괴지심(自愧之心)

자신의 허물을 스스로 깨우치지 못하는
어리석음을 지녔으니 (自過不知)

스스로 자기를 치켜세우며 잘난 체하고
천방지축 교만을 떨리라 (自高自大)

가슴 깊이 스스로를 되새김질하여
자기를 굽히는 겸손함이 생겨야 (自屈之心)

스스로를 낮추고 부끄럽게 여기는 마음이
구름처럼 일어나리라 (自愧之心)

백이숙제(伯夷叔齊)

청절지사(淸節之士)
백이숙제(伯夷叔齊) 형제는
주(周)나라 곡식(穀食)을
입에 넣기를 포기하고

수양산(首陽山)으로
몰래 숨어들어
고사리로 목숨을 연명하다
숨을 거두었듯이

누에는
뽕잎만 먹고
하얀 명주실을 뽑아내어
비단 옷을 선물하고

송충이는
굶어 죽을지언정
솔잎만 고집하며
일생을 마치었지

인간으로 태어나
인의(仁義)를
저버리지 아니 함이
참된 삶이 아니리오

성년부중래(盛年不重來)[80]

한번 가면 다시 찾아오지 않는 이팔청춘을 두고
회한의 눈물을 흘리며 후회한들 무슨 소용이 있으랴

영원불멸을 꿈꾸며 不老草(불로초)를 찾아
백방으로 헤매었던 秦始皇(진시황)도 환갑을 넘기지 못하였고

삼복의 메뚜기도 이글거리는 뙤약볕이 한 철이고
바람결에 속삭이는 창밖의 잎새도
세월의 흐름 속에 순응하며 오색으로 채색을 하듯이

나고 짐은 자연의 섭리이니
늙고 병들고 죽음이 찾아오는 것 역시
누구의 탓이라 할 수 있겠소

억만 겁의 세월이 흐르고
우주가 두 번 세 번 바뀐다 해도
피가 끓었던 이팔 청춘은 두 번 다시 찾아오지 않으리라

---

80) 도연명(陶淵明)의 『잡시(雜詩)』 중에서 "盛年不重來 一日再難晨 及時當勉勵 歲月不待人(성년부중래 일일재난신 급시당면려 세월부대인: 성년은 거듭 오지 않고 하루에 두 번 아침 되기는 어려우니, 좋은 때를 잃지 말고 마땅히 힘쓸 것이며 세월은 사람을 기다리지 않는다)"라는 데서 연유하였다. 또 조서(曺庶)의 『증진사인(贈陳舍人)』에서는 "又不見盛年不重來 莫把靑春枉抛擲(우불견성년부중래 막파청춘왕포척: 젊음이 거듭 오지 않는다는 것을 또 못 보았는가, 부디 청춘을 던져 버리듯 헛되이 하지 말 것이니라)"라고 하였다.

옥불탁 불성기 인불학 부지의
(玉不琢 不成器 人不學 不知義)[81]

옥을 다듬지 아니하면
좋은 그릇(名器)을
만들 수가 없고

사람이 배우지 아니하면
올곧은 의(義)를
알 수 없는 것처럼

배우기를 포기하면
사람의 가죽을 쓴
마소와 다를 바가 없고

익힘을 게을리 하면
영혼(靈魂)이 빠져 나간
죽은 시체와 같을 것이니라

---

81) 『예기(禮記)』에 나오는 이야기로 '玉도 쪼지 않으면 그릇이 될 수 없다'는 뜻으로, 天性이 뛰어난 사람이라도 學問이나 修養을 쌓지 않으면 훌륭한 人物이 될 수 없음을 비유한 말이다.

검려지기(黔驢之技)[82]

검주(黔州)의 나귀가
하찮은 뒷발길질로
재주를 뽐내듯이

실속도 챙기지 못한
허울 좋은 겉치레로
자랑을 일삼는다면

껍데기는 화려할지 모르지만
속이 텅 빈 강정과
무엇이 다를까

빛 좋은 개살구보다는
속이 꽉 찬 붕어빵이
되겠끔 빌어나 보자구요

---

82) 당대(唐代) 유종원(柳宗元)이 지은 「삼계(三戒)」라는 글에 나오는 말로 '검주에 사는 당나귀의 재주'라는 뜻으로, '자신의 재주가 보잘것없는 줄도 모르고 우쭐우쭐 뽐내다가 스스로 화(禍)를 부른다'라는 의미한다. 즉, 보잘것없는 기량을 들켜 비웃음을 산다는 것이다.

완인상덕 완물상지(玩人喪德 玩物喪志)[83]

사람을 희롱하여
즐거움을 찾고자 하면
덕성(德性)을 잃게 될 것이고

물건을 좋아하여
기쁨을 구하고자 하면
본성(本性)을 잃게 될 것이다

사람은
평등한 인격을 가졌기에
유희(遊戱)를 즐기는 놀이감의
대상이 될 수 없고

물건은
감정을 지니지 않았기에
정(情)을 주고받을 수 있는
대상이 아니리라

---

83) 『서경(書經)』「주서 여오편(周書 旅獒篇)」에 나오는 말로 '사람을 희롱하면 덕을 잃어버리고, 물건을 좋아하면 뜻을 잃어버린다'라는 말이다.

욕량타인 선수자량(欲量他人 先須自量)[84]

남을 알려고 하거든
모름지기 먼저 자신부터 헤아려야 하며

남을 사랑하고자 하면
먼저 자신을 아낄 줄 알아야 하며

남을 돕고자 하면
먼저 자신의 주변을 살피어야 하느니라

---

84) 『명심보감(明心寶鑑)』「정기편(正己篇)」에 나오는 말로 '타인을 헤아리고자 하거든 먼저 모름지기 스스로를 헤아려보라'는 뜻이다.

상인지어 환시자상(傷人之語 還是自傷)[85]

남의 가슴에
상처를 주는 말은
도리어 자기 자신을
해치는 꼴이 되나니

비록 눈으로 볼 수 없고
귀로 들을 수 없는
사이버 공간도
예외는 아닐진대

남의 험담을
함부로 내뱉으면
자신의 업보로
되돌아 옴을 잊지 말지어다

---

85) 『명심보감(明心寶鑑)』「정기편(正己篇)」에 나오는 말로 '남을 해치는 말은 도리어 자신을 해치는 것이다'라고 하였다.

득롱망촉(得隴望蜀)[86]

농나라(隴)를 얻고
촉나라(蜀)까지
넘겨 봄은
지나침이 아닐까

인간의 욕심은
끝이 없으니
모든 재앙은
욕심에서 비롯되고

지나친 과욕은
모자람만 못하니
뿌리부터 싹둑
자르지 아니하면

조금만 조금만이
재앙의 불씨가 되어
더 큰 화(禍)를
자초할 것이니라

---

86) 『삼국지(三國志)』에 나오는 이야기로서 '농(隴)을 얻고 촉(蜀)을 바란다'는 데서 유래된 말이다. 인간의 욕심이 끝이 없는 것을 비유하는 말이다.

함혈분인 선오기구(含血噴人 先汚其口)[87]

피를 머금어
남에게 내뿜으면
먼저 자신의 입이
더러워지듯이

남의 몸에
자상(刺傷)을 입히면
먼저 자신의 손에
피를 묻혀야 하고

남의 명예를 탐하면
먼저 자신의 마음이
더러움에 물들어야 하고

남의 재물을 훔치면
먼저 도적 딱지를 붙이고
살 각오를 해야 하니

남을 욕되게 하기보다는
내 허물을 먼저 헤아리는
처세술이 옳지 않으리오

---

87) 『명심보감(明心寶鑑)』「정기편(正己篇)」에 나오는 말로 '피를 머금어 남에게 뿜으면 먼저 자기 입이 더러워진다'라는 뜻이다.

여조삭비(如鳥數飛)[88]

새가
하늘을 날기 위해
자주 날개 짓을
해야 하듯이

배움의 길을
쉬지 않고
끊임없이
갈고 닦으면

마음이 안정되고
몸이 평안하니
백 첩의 보약과
어찌 견주리오

---

88) 『논어(論語)』 「학이편(學而篇)」에 나오는 이야기로 '새가 하늘을 날기 위해 날갯짓하는 것과 같다는 뜻으로 배우기를 쉬지 않고 끊임없이 연습하고 익힌다'는 의미의 사자성어이다.

언고행 행고언(言顧行 行顧言)[89]

말을 할 때에는
앞으로 할 행동을 돌아보고

행동을 할 때에는
앞으로 할 말을 돌아보라

사람으로 태어나서
입을 닫고 살 수는 없지만

해야 할 말이 있고
하지 말아야 할 말이 있나니

나설 때와 물러설 때를 모르고
함부로 내뱉으면

앞과 뒤를 구분 못하는
소나 돼지와 무엇이 다를소냐

---

89) 『중용(中庸)』에 나오는 고사성어로 '말을 하려면 앞으로 할 행동을 돌아보고, 행동을 하려면 앞으로 할 말을 돌아보라'는 뜻이다. 孔子曰 君子之道四 丘未能一焉 所求乎子 以事父 未能也 所求乎臣 以事君 未能也 所求乎弟 以事兄 未能也 所求乎朋友 先施之 未能也 庸德之行 庸言之謹 有所不足 不敢不勉 有餘 不敢盡 言顧行 行顧言 君子胡不慥慥爾(공자왈 군자지도사 구미능일언 소구호자 이사부 미능야 소구호신 이사군 미능야 소구호제 이사형 미능야 소구호붕우 선시지 미능야 용덕지행 용언지근 유소부족 불감불면 유여 불감진 언고행 행고언 군자호불조조이) 공자가 말하기를 "군자의 道가 네 가지 있는데 그 중에서 나(丘: 공자, 字는 仲尼)도 한 가지에 능한 것이 없다. 자식에게 요구하는 것만큼 아버지를 섬기지 못하고, 신하에게 요구하는 것만큼 임금을 섬기지 못하고, 아우에게 요구하는 것만큼 형을 섬기지 못하고, 친구에게 요구하는 것만큼 먼저 베풀지 못한다. 언제나 떳떳한 德을 행하고 언제나 떳떳한 말을 신중히 해야 할 것이니, 부족한 점이 있으면 감히 노력하지 않는 일이 없게 하고, 넘치는 점이 있으면 감히 다 말하지 않으면서, 말할 때에는 행동을 돌아보고 행동할 때에는 말을 돌아보아야 할 것이다. 군자가 어찌 독실하지 않으랴"라고 하였다.

회사후소(繪事後素)[90]

그림을 그리는 일도
바탕을 깨끗이 한 연후에
붓을 들어야 하듯이

밥을 지을 때도
그릇을 깔끔히 씻은 뒤에
새 쌀로 밥을 지어야 하며

손님을 대접할 때도
청소를 정갈하게 하고서
음식을 준비해야 하며

큰 일을 행함에 있어서도
마음을 깨끗이 비우고
나섬이 옳을 것이니

본질을 깨끗이 하여
청결함을 가짐은
모든 선(善)의
근본이기 때문이니라

---

90) 『논어(論語)』「팔일편(八佾篇)」과 『시경(詩經)』에 나오는 말로서 '아무리 훌륭한 붓을 갖고 있고 그림 실력이 좋다 해도 하얀 바탕의 종이가 없으면 아름다운 그림을 그릴 수 없다'는 뜻으로 본질이 있은 연후에 꾸밈이 있음을 비유하여 이르는 말이다.

조아(爪牙)

독수리는
날카로운 발톱(爪)으로
하늘을 평정하였고

호랑이는
뾰족한 이빨(牙)로
밀림의 왕자 자리에 올랐으니

사물의 정곡을
꿰뚫어 볼 수 있는
자신만의 爪牙[91]를 지님이

파고 높은 세파를
슬기롭게 헤쳐 나갈 수 있는
지혜가 아니런가

---

91) '발톱과 이빨'이라는 뜻으로 쓸모 있는 사람이나 물건을 비유적으로 이르는 말이다.

신기독(愼其獨)[92]

혼자일 때
자신을 다잡아서
곧추세워라

본디
몸과 마음이
내 것이라 태어났지만

내 의지대로
할 수 있는 게
아무것도 없지 않은가

자신을
다스리지 못하면
어찌 남을 다스릴 수 있겠는가

---

92) 퇴계 이황(1501-1570)은 자신의 평생 행동지침으로 신기독(愼其獨: 혼자 있을 때에도 삼가 행동을 조심하라) 외에도 무불경(毋不敬: 세상 모든 일에 공경하라), 사무사(思無邪: 간사한 일은 생각도 하지 말라), 무자기(毋自欺: 자신을 속이지 말라)를 새겼다고 한다.

재상평여수 인중직사형
(財上平如水 人中直似衡)[93]

재물은
흐르는 물과 같이
평등해야 하고

사람은
치우침 없는 저울 같이
곧아야 하며

재물의
흐름을 막으면
그 재물에 의해 망하고

성품이
바르지 못하면
스스로 파멸을 재촉하리니

움켜쥐려는
지나친 욕심은
아니 가짐만 못하고

한쪽으로
기운 성품은
사물의 진미를 찾지 못하리라

---

93) 조선시대 거상이었던 임상옥(林尙沃, 1779~1855)의 商道 철학이다.

사무사(思無邪)[94]

생각이 올바르면
사악함이 가히
범접을 할 수 없듯이

몸을 깨끗이 하면
갖은 질병들이
함부로 덤벼들 수 없고

행실이 올곧으면
온갖 악귀가
가까이 하지 못할 것이니

흐트러짐이
없는 언행으로
만인의 스승이 되거라

---

94) 『논어(論語)』「위정편(爲政篇)」에 나오는 말로서 '간사함을 생각하지 말라'는 뜻이다.

중구삭금(眾口鑠金)[95]

여러 사람이
같은 말을 반복하게 되면
무쇠를 녹일 수 있듯이

사실을 왜곡하여
진실인양 둔갑시켜
여론으로 확대 재생산하면

마치 사슴(鹿)을 가리켜
말(馬)이라고 하는 것과
무엇이 다를까나

---

95) 楚(초)나라 屈原(굴원)의 「惜誦(석송)」에 나온 구절이다. 중구삭금(眾口鑠金)이란 '뭇 간신의 입이 쇠를 녹인다'라고 표현되어 있으며, 이 말은 간신들의 말에 임금이 속는 것을 뜻한다고 볼 수 있다. 현대에 와서는 '뭇사람의 말은 쇠도 녹인다'라고 해서 여론의 위력을 나타내는 속담이 되어 쓰이고 있다.

음지전 양지변(陰地轉 陽地變)

음지가 양지되고
양지가 음지될 수 있는 게
세상의 이치이니

현실이 힘들고 어렵다고 해서
불행하다고 여기지 말 것이며

일이 순조롭게 풀린다고 해서
호들갑을 떨며 웃을 일도 아니다

행불행(幸不幸)은 순리에 따라
돌고 도는 것이니 일희일비할 것도 못되며

불행을 불행이라 여기지 아니하고
전화위복의 기회로 삼는다면

불행이 불행으로 끝나지 않고
행운을 몰고 오는 메시아가 될 것이나

불행을 원망하고 신세타령에 빠지면
불행의 늪은 깊어만 가리라

어목혼주(魚目混珠)[96]

진짜가 가짜 같고 가짜가 진짜처럼
행세를 하는 세상

거짓이 진실로 둔갑을 하고
진실이 거짓에 묻히는 세상

잠시라도 정신을 놓고 있으면
혼미 속으로 빠져드는 세상

옳고 그름의 진실을 분별하기가
쉽지 않은 혼돈의 세상

물고기 눈알과 진주 구슬이
뒤죽박죽 섞여있는 혼탁한 세상이로니

천리 밖을 내다볼 수 있는
지혜로운 혜안(慧眼)의 눈을 뜨지 아니하면

암흑 속의 구렁텅이에 빠져서
영원토록 헤어나지 못할 것이니라

---

96) '물고기의 눈알과 구슬이 뒤섞인다'는 뜻으로, 가짜와 진짜가 마구 뒤섞임을 이르는 말이다.

행백리자 반어구십(行百里者 半於九十)

백 리를 가려고
꿈꾸는 자는
구십 리를 절반으로
여기라고 하였듯이

시작을 알리는
첫발의 내디딤은
절반을 이루었음과
같다고 하지만

끝을 깔끔히
매듭짓지 못하면
뒷일을 보고
밑을 닦지 아니함이요

절반만 이루고
손을 놓음은
전부를 이루지 못함과
같을 것이니라

신종여시 즉무패사(愼終如始 則無敗事)[97]

마무리를
시작처럼 신중을 기하면
실패하는 일이 없을 것이요

처음과 끝은
그 본질이 같사오니
편애(偏愛)를 하면
불협화음이 일 것이니

시종일관
한 점의 흐트러짐도 없이
여여함을 지님이
성공의 관문임을 알지어다

---

97) 노자(老子)의 『도덕경(道德經)』에 나오는 말로 '마지막에도 시작할 때처럼 신중하면 실패하는 일이 없을 것이다'라는 뜻이다. 처음부터 끝까지 시종일관 한결 같은 마음으로 조심하고 삼가면 무슨 일이든 실패하지 않을 것임을 비유하는 말이다.

천리지행 시어족하(千里之行 始於足下)[98]

천 리의 머나 먼 길도
한 걸음부터 시작하듯이

세상 만사 모든 일은
시작이 중요함이니라

태산이 제아무리 높다한들
하늘아래 뫼이로니

태산이 높음을 탓하지 말고
첫걸음을 힘차게 내딛고

쉼 없이 오르고 또 오르면
정상에 오름이 어려울쏘냐

---

98) 노자(老子)의 『도덕경(道德經)』에 나오는 이야기로 천 리 길도 발 아래에서 시작된다는 의미로 모든 일은 기본적인 것부터 시작해야 한다는 것을 비유하는 말이다.

강심수정 근심엽무(江深水靜 根深葉茂)

강물이 깊으면
흐르는 물이 맑고
뿌리가 깊으면
나뭇잎이 무성하듯

견문을 넓히면
세상의 이치를 알게 되고
지혜를 밝히면
믿음이 도타워지리니

굳게 닫힌
마음의 문을 열어 젖히고
심지를 곧게 가짐이
깊은 강물과 같고

배우고 익히기를
게을리 하지 아니하고
앎을 슬기로이 행함이
깊은 뿌리와 같으니라

기산심해(氣山心海)[99]

기운(氣運)은
산처럼 높고
마음은
바다처럼 넓게 가져라

천하를
품을 수 있는
원대한 꿈을 가짐이
높은 기상이요

모든 허물을
용서로 녹일 수 있는
마음가짐이
넓은 도량이랴

---

99) 기운은 산과 같이 높고 마음은 바다처럼 포용력 있는 넓은 마음을 가지라는 사자성어이다.

불한자가급승단 지한타가고정심
(不恨自家汲繩短 只恨他家苦井深)[100]

자기 집 두레박 줄이 짧은 것은
탓하지 아니하고
남의 집 샘이 깊은 것만 원망하듯

자기 눈의 대들보는 보지 못하고
남의 눈에 낀 티끌만
끄집어 내려고 애를 쓰다 보면

겹겹이 쌓인 찌든 때를 먹고 사는
자기중심적 사고의 틀은
더욱 견고하게 깊은 뿌리를 내릴 것이니

눈 앞에 펼쳐진 파아란 하늘은
한치 앞도 내다볼 수 없는
시뿌연 먼지 속으로 빠져 들어 가리라

---

100) 『명심보감(明心寶鑑)』 「성심편(省心篇)」에 '자기 집 두레박 줄이 짧은 것은 탓하지 않고, 남의 집 우물이 깊은 것만 탓한다'라는 뜻이다. 무슨 일이 잘못되었을 경우에 남의 탓 할 때가 많은데 남을 탓하기 이전에 자기 자신을 먼저 반성하는 태도를 가지라는 의미이다.

무신불립(無信不立)[101]

믿음이 없으면
나라가 반듯하게
바로 설 수 없고

사랑이 없으면
부부 사이에
금이 가는 법이니

심지를 곧게 하여
믿음을 지키는 게
삶의 참스승이리라

---

101) 『논어(論語)』 「안연편(顔淵篇)」에 나오는 이야기로 '백성들이 나라에 대한 믿음이 없으면 살아갈 수 없다'라는 데서 유래하였다. 사람이 세상을 살아가는 데 신뢰의 중요성을 역설한 말이다.

불학시 무이언 불학예 무이립
(不學詩 無以言 不學禮 無以立)

공자는 논어 계씨편(季氏篇)에서
시(詩)를 배우지 아니하면 말을 할 수 없고

예(禮)를 배우지 아니하면
남 앞에 나설 수 없다고 하였으니

아무리 시대가 바뀌고
숨가쁘게 돌아가는 바쁜 세상이라고 하지만

어찌 문학을 익히지 아니하고
우주의 천지만물을 논할 수 있을 것이며

예(禮)를 익히지 아니하고
사람이 지녀야 할 도(道)를 논할 수 있단 말인가

세월이 흘렀어도 예나 지금이나
사람이 살아가는 본질은 다를 바가 없으니

인간의 가치에 바탕을 둔 인문학에서
그 연원(淵源)을 찾음이 어떠하리오

오불관언(吾不關焉)[102]

배는
거센 폭풍우를 만난 듯
중심을 잃고 휘청거린다

조타수와 항해사가
손을 놓은 듯
망망대해를 표류하고 있으나

선장은
그 일에 직접 관여하지 않았다고
딴청만 피우고 있다네

---

102) '나는 그 일에 상관하지 아니하였으니 아무런 관련이 없다'는 의미이다. 강 건너 불구경 하듯이 자기와는 상관없는 일이라고 소매에 손을 넣고 곁에서 바라보기만 한다는 수수방관(袖手傍觀)과 같은 뜻이다.

심전경작(心田耕作)

오뉴월 논밭에는
온갖 잡초가 무성하고 풀벌레가 들끓듯이

마음이 자라는 밭에는
번뇌가 창궐(猖獗)하여 삼독(三毒)[103]이 우글거리네

몸을 씻고 옷가지를 세탁하듯
아침마다 마음을 정갈하게 가짐은

번뇌의 뿌리를 뽑아내고 삼독(三毒)을 멀리하여
마음 밭을 가꾸기 위함이며

자신의 나태함을 다잡고
새로운 출발을 두 번 세 번 다짐해 보지만

인간의 게으름 속성이
마음 주변을 빙글빙글 맴돌며 성가심을 더해가니

이 넘~ 저 넘~ 하며
회초리로 종아리를 치는 일도 하루 이틀이 아닐진대

이 넘을 어찌하면 좋을지
벗님께 물어봐야 뾰족한 혜안인들 있겠소이까

---

103) 사람의 착한 마음을 해치는 세 가지 번뇌로서 욕심(貪), 성냄(瞋), 어리석음(癡)을 말한다.

운명으로 받아들여 가슴 속에 지니고서
미운 정 고운 정 쌓아가며 살아가리

이른 아침에 마음 밭을 갈지 아니하면
사랑 씨앗을 뿌릴 수 없고

사랑 씨앗을 뿌리지 아니하면
저녁에 행복 열매를 딸 수 없으니

어찌하여 사랑 씨앗을 뿌리지 아니하고
가을에 수확을 기다린단 말인가

자갈과 돌멩이가 많은 마음 밭이라 할지라도
부지런히 갈고 닦으면

황무지 같이 척박한 마음 밭이
비옥한 문전옥답으로 변화할 것이니

신세타령 하지 말고 오뉴월 뙤약볕에
호미자루 들고 피와 땀을 쏟아내면

푸르름이 더하고 향기가 넘쳐나며
아름다움이 나날이 더해가는 마음 밭이 세세손손 열리리라

가고가하(可高可下)[104]

어진 사람(仁者)은
높고 낮음을 가리지 않는다

어리석은 사람에게
교만(驕慢)하지 아니하고

가난한 사람에게
거만(倨慢)하지 아니하며

비천한 사람에게
방자(放恣)하지 아니하니

얼굴빛이 온화하고
바른 말씨로 따뜻이 대하며

후덕한 마음으로
부자(富者)처럼 처신하고 행하니

많은 사람들이
그를 따르고 존경할 것이니라

---

104) '높아도 가(可)하고 낮아도 가(可)하다'는 뜻으로 仁者는 벼슬이 높아도 거만하지 않고 낮아도 두려워하지 않음으로써 직위의 고하를 가리지 않음을 이르는 말이다.

유지경성(有志竟成)[105]

청운의 꿈을 품었으면
앞만 쳐다보고 뛰어라

엎어지고 넘어지고
자빠지더라도 좌절하지 마라

먼 길을 가다보면 누구나
엎어지고 넘어질 수 있느니라

시련을 이겨낼 수 있는 힘을
시험하는 과정이라 생각하라

넘어져서 일어나지 않고
뛰기를 포기한다면
달콤한 열매를 딸 수 없다

앞을 가로 막는
장애물이 있더라도
그걸 뛰어넘고 극복해야 한다

중도에 내려놓지 아니하면
그 꿈은 반드시 이루어지리라

---

105) 『후한서(後漢書)』 「경엄전(耿弇傳)」에 나오는 이야기로 광무제가 경엄을 칭찬한 말인 '有志者事竟成也(유지자사경성야)'에서 유래하였다. '의지를 가지고 있으면 마침내 이룬다'는 의미이며, 뜻이 있는 사람은 반드시 성공한다는 말이다.

화무십일홍(花無十日紅)

호사스럽게 아름다움을 뽐내던 그대도
세월 앞에 머리를 조아리고

인생사(人生事) 아무리 기쁘고 좋은 일도
십 여일을 넘기기가 어려웁고

천하의 억만장자도
삼대에 가업(家業)을 이어가기가 쉽지 아니하며

독야청청 권좌(權座)도
세월의 무상함에 훗날이 두려워 좌고우면(左顧右眄)하나

속절없이 돌아가는 시계바늘을 붙들고
천년 만년을 애원하지 마라

달이 차면 기우 듯이 꽃도 피면 시들고 지는 것이
자연의 이치이고 섭리이니

두려움도 갖지 말며
아까움도 갖지 말며
서운함도 갖지 말며
아쉬움도 갖지 말며
시기함도 갖지 말며
미움도 갖지 말며

부딪히고 바람 부는 대로
좌충우돌하며 살아가라

정송오죽(正松五竹)[106] I

일에는 때가 있는 법이니
허겁지겁 서두르지도
곰탱이처럼 미적거리지도 말게나

정월에 소나무를 옮겨 심고
오월에 대나무를 옮겨 심어야
뿌리를 잘 내려서 살 수 있듯이

때를 놓치지 않고
제때에 일을 하는 것이
일을 가장 잘 할 수 있는 방책(方策)이니라

---

106) '소나무는 정월에 심고, 대나무는 오월에 옮겨 심어야 잘 산다'는 말이다. 즉, 때를 잘 맞춰서 일을 해야 성공할 가능성이 높다는 의미이다.

정송오죽(淨松汚竹)[107] II

일에는 때가 있고
사람을 씀에 있어서는
인물을 담을 수 있는
그릇이 있어야 하는 것이니

깨끗한 땅에는
소나무를 심고
더럽고 지저분한 땅에는
대나무를 심으라고 하듯이

사심을 버리고
공평무사하게 능력에 따라
적재적소에 일을 맡김은
불평등함이 아님이니라

---

107) '깨끗한 곳에 소나무를 심고, 더러운 곳에 대나무를 심는다'는 뜻으로 좋은 환경에서 소나무의 기상이 돋보이고 나쁜 환경에서 대나무의 지조와 절개가 더 빛나는 것처럼 적재적소에 인재를 등용해야 함을 이르는 말이다.

진수무향(眞水無香)

좋은 물(水)은
색깔도 없고(無色)
냄새도 없고(無臭)
향기도 없다(無香)

인간은
색(色)으로 분칠하고
멋(態)으로 치장하고
향(香)으로 꼬리를 친다

가죽 껍데기에
덧칠을 하고
금은보화 걸치고
오색 포장지로 덮어 씌운들

내면의 인품이
고상(高尙)해지고
온후(溫厚)해지고
관대(寬大)해질 수 있을까

꽃(花)의 향기는 십 리(十里)를 가고
말(言)의 향기는 백 리(百里)를 가고
베품의 향기는 천 리(千里)를 가고
인품(人品)의 향기는 만 리(萬里)를 간다네

반구저기(反求諸己)[108]

일이 뒤틀렸다고
미워하고 원망하지 마소

아니 땐 굴뚝에
연기 날 리 없듯이

세상 만사는
인과관계가 있는 법이니

반추(反芻)의 미덕을 살려
反求諸己함이 어떠하리오

---

108) '모든 과오를 자기 자신에게서 찾는다'는 의미이다. 중국 하(夏)나라의 시조인 우(禹)임금의 아들 백계(伯啓)의 고사에서 유래되었으며, 『맹자(孟子)』와 『명심보감(明心寶鑑)』에도 나온다.

방하착(放下着)[109]

여보게
뭘 그렇게
많이 짊어지고 낑낑거리는가

여보게
그 무거운 짐 땜에
두 어깻죽지가 온전한가

여보게
욕심도 번뇌도
미련 없이 모두 내려놓게나

여보게
인생은
공수래공수거(空手來空手去)라고 하지 않았던가

---

109) 放下着은 '본래의 공(空)한 이치를 알지 못하고 온갖 것들에 걸려 집착하는 것을 내려놓다'라는 뜻으로 쓰였으며, '집착하지 말라' '집착하는 마음을 놓아 버려라' '마음을 편하게 가져라' '마음을 비워라'라는 의미를 지니고 있다. 조주 종심(趙州 從諗) 선사의 가르침으로 『조주록(趙州錄)』에 나오는 말이다.

무한불성(無汗不成)[110]

땀을
흘리지 않으면
아무것도 이룰 수 없다

공짜도 없고
불로소득도
있을 수 없느니라

성공은
땀을 먹고 자란
결실의 열매가 아니겠는가

No pain No gain처럼
고통 없는 결과는
사상누각에 불과하리다

---

110) '땀을 흘리지 않고서는 어떠한 일도 이룰 수 없다'는 사자성어이다.

한고청향(寒苦淸香)

매화는 살을 에는 듯한
엄동설한의 매서운 추위를 이겨내야
이른 봄에 맑은 향기를 뿜어 낼 수 있듯이

사람은 젊었을 때 어려움을 겪고 자라야
어른이 되어서 높은 기개를
천하에 드높일 수 있느니라

젊어서 고생은 사서 한다는 말처럼
지금의 어려움과 고통을
현실로 받아들이는 지혜가 필요하듯

과거의 역경이 현재의 거름이 되어
미래의 꽃과 열매로 피어나는
한고청향 간난현기(寒苦淸香 艱難顯氣)가 되리라

사석위호(射石爲虎)[111]

무슨 일이든지
그 일이 중요하든 그렇지 않든
가진 모든 역량을
모조리 쏟아 부어라

탈진하고
쓰러지는 한이 있더라도
젖 먹던 힘까지
아낌없이 싸그리 쏟아 부어라

어느 포수가
큰 바윗돌을 범인 줄 알고
온갖 정성을 모아
활시위를 힘차게 당겼듯이

매사에
성심성의껏 최선을 다하면
화살이 돌에 꽂히듯이
성공의 문이 활짝 열리리라

---

111) '돌을 범인 줄 알고 쏘았더니 돌에 화살이 꽂혔다'는 뜻으로, 성심(誠心)을 다하면 아니 될 일도 이룰 수 있음을 이르는 말로 『여씨춘추(呂氏春秋)』에 나온다.

조고각하(照顧脚下)

2012년 임진년의 여름은 무지 무지 더웠다. 불볕더위라는 말보다는 가마솥더위가 더 적절한 표현인 것 같다. 남부지방의 수은주가 38℃를 오르내렸다. 서울도 36℃를 넘나들고 있다. 열사병으로 목숨을 잃은 사람이 십여 명에 이르고, 열대야가 1주일 이상 지속되고 있다. 누굴 삶아서 죽일라하는지 해도 해도 너무 하다는 생각이 들지만 이 모든 게 인간들이 지구를 더럽힌 자업자득(自業自得)이 아닌가 싶네요…ㅎㅎㅎ

그야말로 가마솥에 들어간 느낌이 들 정도로 더위는 꺾일 줄을 모른다. 더위를 피해서 처가 가족들과 낙산해수욕장 주변에 휴가를 갔다. 휴가철 교통체증을 피해 새벽에 서울을 출발했다. 콘도 체크인 시간이 남아 낙산사에 잠깐 들렀다. 낙산사는 4대 해수관음도량의 한 곳이기도 하다. 평소에 가보고 싶었던 사찰이다.

2005년의 화재 흔적은 많이 사라진 듯하다. 원통보전으로 오르는 길섶에 늘어선 낙락장송들은 산사를 지켜주는 근위병과 같은 모습들이었다. 마님과 법당에 들러서 잠시 예불을 올리고는 해수관음보살 앞에서 머리를 조아렸다. 관음보살은 미소를 머금은 채 푸른 동해 바다를 응시하고 있다.

다시 새해일출의 명소로 유명한 의상대로 발길을 옮겼다. 그리고 해안절벽을 따라 홍련암에 갔다. 홍련암 입구에 '조고각하(照顧脚下)'라는 글귀가 눈에 들어온다. 눈이 번쩍 뜨인다. 한자에 관심이 많은 나로서는 그냥 지나칠 수 없는 것이었다.

발밑을 잘 살펴서 걸어라! 좋은 말이다. 산사를 찾다보면 법당이나 승방의 신발 벗는 댓돌 위에 '조고각하(照顧脚下)'라는 글귀를 볼 수 있다.

이 글은 중국 송나라 때 유래된 말이다. 오조 법연선사가 삼불(三佛)[112]의 세 제자와 등불을 들고 어두운 밤길을 걷고 있었다. 갑자기 세찬 바람이 불어 등불이 꺼지고 말았다.

주변이 칠흑 같이 어두워 앞뒤를 분간할 수 없게 되자 법연선사가 세 제자에게 '그대들은 어떻게 하겠는가?'하고 물었다. 그때 불과 원오스님이 '조고각하(照顧脚下)'라고 답했다고 한다.

불가에서 '참선'의 근본을 묻는 질문에 대한 대답이라 할 수 있다. 그러나 그 뜻을 잘 음미하면 '선(禪)'에 대한 것이라기보다는 인간이 살아가면서 취해야 할 행동지침서라는 표현이 더 적합하리라 믿는다.

각자가 처해 있는 현재의 위치에서 '주변을 잘 되돌아보고(과거), 현실을 정확히 직시하며(현재), 매 순간 순간 최선을 다해 처신하라(미래)'라는 가르침이다. 언제 어디서나 시공(時空)을 초월하여 잘 처신하여야 함을 가르친 말이 아닐까 싶다.

남의 허물을 탓하기에 앞서 자기주변을 잘 살피고 자기반성을 먼저 할 줄 아는 문화야말로 밝고 건전한 사회가 아니겠소…

'조고각하(照顧脚下)'는 자기반성의 의미가 더 크다고 할 수 있다. 남의 발밑에 뭔가 있지 않나 싶어 눈알을 부라리고 살피기보다는 내 발밑을 먼저 살펴보는 사람이 되기를 바란다. 남의 허물을 찾기 시작하면 끝이 없다. 내 허물이 더 많고 크다는 사실을 잊지 말기를 바란다. 남에게 쏠린 눈을 나에게 되돌려서 '참 나'를 관조할 줄 아는 자세가 필요한 거죠…

---

112) 오조 법연스님의 제자는 세 분이 계셨는데 이 분들을 삼불(三佛)이라 하며, 불감(佛鑑) 혜근스님, 불과(佛果) 원오스님, 불안(佛眼) 청원스님이었다고 한다.

인무원려 난성대업(人無遠慮 難成大業)

강릉 경포대에 오르는 오른쪽 길목에 비석이 하나 서있다. 세로로 '인무원려 난성대업(人無遠慮 難成大業)'[113]이라는 글귀가 있다. 멀리 내다보지 못하면 큰 일을 이루기 어렵다는 뜻이다.

우리는 어렸을 때부터 '꿈은 크고 원대하게 가져라'는 소리를 귀가 따갑도록 들었다. 꿈을 크게 가지고 멀리 내다보는 사람일수록 그렇지 않는 사람에 비해 성공할 확률이 높다는 것은 자명한 현실이다.

그런데 우리나라 공교육의 현주소는 어떤가? 학교는 낮잠 자는 여관방이 된지 오래이고, 선생님은 학생들 비위 맞추기에 여념이 없다. 혹시 매라도 들었다면 스마트폰으로 동영상을 촬영하고 5분 이내에 경찰이 출동한다고 하네요. 서글픈 현실이 안타깝다.

학생들이 공부하는 곳은 학교도 아니고 집도 아니다. 공부는 학원이나 과외 선생님을 통해서 한다. 사교육은 시험문제를 족집게처럼 찍어주기 때문에 자연스레 성적이 올라가는 것처럼 착시현상에 빠진다. 그러하니 엄마들은 학원에 미치고, 과외선생한테 미친다. 학교 선생님을 무능한 존재로 볼 수밖에 없는 구조적 한계를 지니고 있다.

공부보다는 사람이 먼저다. 사람이 되지 않은 공부는 아무짝에도 쓸모가 없다. 그런데 사람은 뒷전이고 오로지 국·영·수 문제를 하나 더

---

113) 사람이 앞을 멀리 내다보지 못하면 큰 일을 이루기 어렵다'의 의미이다. 이 글귀는 동해바다를 바라보는 경포대 입구에 세워진 비석에 새겨져 있다. 서울 남산의 안중근 기념공원에도 비석이 세워져 있다. 이는 『논어(論語)』 「헌문편(憲問篇)」에 나오는 말이다.

맞히는데 혈안이 되어 난리블루스들이다. 소위 말해서 공부만 잘 하면 만사 OK!를 신주단지처럼 믿는다.

이러한 교육환경에서 어떻게 스티브 잡스나 빌 게이츠가 나올 수 있겠는가? 이들이 우리나라에 태어났더라면 문제학생으로 낙인 찍혀 사회의 낙오자가 되었을지도 모른다는 우스개 소리가 있다.

개천에 용 난다는 말이 있듯이 교육은 '창의성'이다. 원대한 꿈과 희망을 가지고 자아계발을 할 때 '꿈'은 비로소 이루어지는 것이다. 공장에서 금형으로 찍어 낸 듯한 획일화되고 천편일률적인 줄 세우기식 교육은 '인무원려 난성대업(人無遠慮 難成大業)'과는 거리가 멀다. 미래를 내다보는 '꿈'이 비집고 들어갈 틈이 없기 때문이니라…

한 치 앞도 내다보지 못하고 영어단어 하나 더 외우고, 수학문제 하나 더 푸는 게 요즈음 학생들의 모습이다. 그러니 이들에게 무슨 '꿈'을 이야기 하겠는가?

'꿈'이 없으면 죽은 시체나 다를 바가 없다고 했다. 그런데 중고등학생들에게는 '꿈'이 없다. 굳이 '꿈'이라고 한다면 '학생의 꿈'이 아니라 '엄마의 꿈'이고 '아빠의 꿈'일 것이다. 그 '꿈'이 뭐냐고 물으면 하나같이 'SKY'라고 대답한다.

사교육은 가정파괴범이요, 망국병이다. 국·영·수 한 문제보다는 '꿈'을 심어주는 공교육이 살아나야 대한민국의 밝은 미래가 살아날 수 있다고 본다.

젊은이들이여! '꿈'을 가져라. 그리고 앞만 보고 뛰어라. 그러면 네 '꿈'은 꼭 이루어지리라~~♬

자승자박(自繩自縛)

자신이 만든 줄을 사용해서 제 몸을 옭아 묶는다는 뜻으로, 자신이 한 말과 행동으로 말미암아 자신이 그 속에 구속되어 이러지도 못하고, 저러지도 못하여 괴로움과 고통을 겪게 될 때 하는 말이다. 스스로 쳐 놓은 올가미에 걸려 든 꼴이다. 그래서 자업자득(自業自得)이란 말과 일맥상통하는 부분이 있다.

이러한 일들은 우리들 주변에 비일비재하게 일어난다. 문제는 이런 일들이 여러 사람들과 관계되어 있다는 것이다. 현대사회는 혼자서 살아갈 수 없는 구조를 가지고 있다. 주변의 여러 사람들과 서로 부대끼며 살아가야 한다는 것이다. 사람들끼리 서로 얽히고 설켜서 살아가야 하기 때문에 어떤 사물을 자신의 입장에서만 바라보고 일을 처리하다 보면 생각지도 않았던 문제들이 훗날에 발생하곤 한다. 스스로 쳐 놓은 덫에 팔다리가 묶여서 옴짝달싹도 못하는 형국이 생긴다는 것이다.

공자께서는 "말을 할 때에는 세 번을 생각한 후에 말을 하라"고 하였다(三思一言). 이 말은 말의 중요성을 말한 것이기도 하지만, 한편으로는 말이 안고 있는 속성 때문이기도 하다. 그래서 말은 더욱 더 조심해야 한다. 한번 뱉은 말은 지우개로 지울 수도 없고, 주워 담을 수도 없기 때문이다. 발이 없는 말은 천리를 간다는 말이 있다.

사마천은 『사기(史記)』에서 "지혜로운 사람도 천 번의 생각가운데 한 번쯤은 실수를 할 수 있고, 어리석은 사람이라도 천 번 가운데 한 가지는 얻을 것이 있다"라고 하였다. '지자천려 필유일실(智者千慮 必有一失)이요, 우자천려 필유일득(愚者千慮 必有一得)'이라는 것이다.

그래서 말과 행동은 조심해야 한다. 특히, 여러 사람의 귀감이 되어야 할 사람일수록 더욱 그렇다. 나라나 국가에서는 소위 말하는 사회지도층 인사들이 그렇고, 가정에서는 부모가 자식들 앞에 그렇다. 그리고 학교나 직장에서는 선배가 후배들에게, 상사가 부하 직원에게 말과 행동을 조심스레 행하여야 한다.

그런데 지금 여러분의 주변을 둘러보세요. 그렇지 못한 사람들이 생각보다 많다. 세 치 입은 살아서 온갖 미사여구(美辭麗句)를 둘러 대는데 정작 행동은 그 입에 따라 주지 않는 경우를 흔치 않게 볼 수 있다.

모든 사람들이 말과 행동이 한 치의 어긋남도 없는 언행일치의 모습을 보여주면 얼마나 좋을까나…

상선약수(上善若水)

지극히 착한 것, 즉 '최고의 선(善)은 마치 물과 같다'는 뜻으로 노자(老子)의 사상에서 나온 말이다.

물은 만물을 이롭게 하면서도 서로 다투지 아니한다. 순서를 기다릴 줄 안다. 그래서 물을 이 세상(世上)에서 으뜸가는 선(善)의 표본으로 삼고 있는지도 모른다.

물은 항상 자기를 낮출 줄 안다. 누구에게도 잘난 체 하지 않고 묵묵히 낮은 곳을 찾아 나선다.

물은 뭇 생명체의 근원이요 뿌리이다. 우리 육체의 70%가 물이라고 한다. 자신을 드러내어 자랑도 하지 않고, 어떤 대가도 요구하지 않는다. 조건 없이 무조건 주는 그런 사랑을 베푼다.

물은 공평하고 평등함을 좋아한다. 위아래가 있는 불평등한 사회를 싫어한다. 그래서 낮은 이와 키를 맞추려고 한다. 높은 이와는 눈도 마주치지 않는다.

물은 고요함을 사랑한다. 조용히 사색하고 누굴 위해 뭘 할 건가를 고민한다. 하지만 바람이 그만두지를 않는다. 그러나 성냄도 없이 하얀 이빨만 드러내고 빙그레 웃을 뿐이다.

물은 천지만물의 더러움을 깨끗이 씻어 준다. 자신이 더러워질 줄 알면서도 전혀 개의치 않는다. 더러운 곳이 있으면 언제나 그랬듯이 오늘도 그 곳을 찾아 나선다. 마음속에 묻은 먼지까지도 씻어 주는 희생과 봉사의 으뜸이니라…

그래서 나는 물을 좋아한다^.^ 최고의 선(禪)인 상선약수(上禪若水)이기를 바라면서…

연주대(戀主臺)

한(恨) 많은 연민의 정(情)을 품고
벼랑 끝에 우뚝 선 그대는 누구란 말인가

일천삼백여년의 풍상을 견뎌낸
그대의 이름은 의상대(義湘臺)가 아니었던가

고려의 멸망을 아쉬워하며 개성을 바라본
충신들의 혼령이 담긴 곳이든가

조선의 왕위에서 밀려난
양녕대군과 호령대군의 넋이 서린 곳이든가

이제 와서 그대 이름에 얽힌 사연이
이러하면 어쩌고 저러하면 어찌 할 건가

연민의 혼을 품었기에 깎아지른 절벽 위에 선
그대를 연주대(戀主臺)[114]라 부르리오

---

114) 관악산 정상의 깎아지른 듯한 바위벼랑 위에 석축을 쌓아 불당을 지은 곳을 말하며 경기도 기념물 제20호로 지정되어 있다.